なぜあの学校は危機対応を間違えたのか

被害を最小限に抑え信頼を守るクライシスコミュニケーション

石川慶子

教育開発研究所

はじめに

「説明責任を果たす」とは、どういうことでしょうか。先生方はあらゆる場面で「説明してほしい」という要望を幾度となく受けているのではないでしょうか。本書のテーマはそこにあります。危機（クライシス）発生時に説明責任を果たすことで信頼失墜を防ぐ活動「クライシスコミュニケーション」について、これから解説します。

危機が発生したとき、「誰が悪いのか」といった犯人捜しではなく「なぜ起きたのか」といった原因にアプローチすれば、問題の本質が明らかとなり、改善策を立てることができます。そして、起きたことを「いつ、どう説明するか」によって、その後の周囲との関係性が良くも悪くもなるのです。この一連の流れがクライシスコミュニケーションにあたります。日本語としては「危機管理広報」と呼ばれることもありますが、本書では広報＝お知らせという誤解を払拭するため、クライシスコミュニケーションとして記述していきます。

クライシスコミュニケーションの歴史は１９００年初頭に米国に実在したアイビー・リーからはじまったとされています。彼のクライアントである鉄道会社が事故を起こした際に、過去の慣例にしたがって事故を隠ぺいしようとしたところ、リーはそれをやめさせて事故現場を記者に取材させると、かえって鉄道会社の評判が高まりました（猪狩誠也編著『広報・パブリックリレーションズ入門』宣伝会議、2007年）。それ以来、クライシスコミュニケーションは事件・事故において隠ぺいせずに説明責任を果たす活動として認知されるようになりました。

日本におけるクライシスコミュニケーションは、2000年初夏、近畿地方を中心に発生した集団食中毒事件における会社側対応の失敗から、その必要性が広がりました。この1万4、000人を超える被害者を出した食中毒事件では、メーカー社長の言葉「私は寝ていないんだよ！」がテレビでくり返し報道されました。この発言は、被害に遭った子どもの心配よりも自らの保身や身勝手さが先立ったとされ、一流企業の信頼失墜を招いたのです。このように起こしたことよりも危機発生後の対応が批判される事態になることを「クライシスコミュニケーションの失敗」といいます。この事件以降、企業や自治体のクライシスコミュニケーションへの意識が急激に高まりました。

その後、福島原発事故に関する政府調査報告書でも「官房長官に的確な助言をすることのできるクライシスコミュニケーションの専門家を配置するなどの検討が必要」（東京電力福島原子力発電所における事故調査・検証委員会「最終報告」2012年）と明記されました。いまやクライシスコミュニケーションは組織の運営に欠かせない考え方として定着しつつあります。

現在、私は企業のコンサルティングを中心に行なっていますが、学校で対応に苦慮する事件・事故が発生した場合にもマスコミ対応や保護者会運営のための支援をしています。

私が危機管理に関心を持つようになったのは映画製作の現場です。十分準備をしていても日々何かしらトラブルが発生するなかで撮影しなければ予算がオーバーしてしまう。そんな現場で毎日を乗り越えるのに必死でした。また、二人目の子どもを妊娠したとき、給料を払わなかった会社を提訴し臨月のお腹で地裁に一人で通わなければならない事態に陥りました。この経験から個人においても危機管理が必要だと実感しリスクマネジメントを本格的に学ぶ決意をしたのです。

学校に関しては、２００５年から２０１０年まで、つくば市にある教員研修センター（現・独立行政法人教職員支援機構）でリスクマネジメントの研修講師を務めました。この間に私と接触された先生方の数は5、０００人にのぼると思います。本書の読者のなかにもいらっしゃるかもしれません。子どもは二人育てたので15年ほどは保護者としてもかかわりを持ってきました。記者会見をするための準備やトレーニングを支援したこともありますし、反対に保護者として先生方にお世話になったこともあります。２０１２年から２０１６年は教育委員を務め、就任直前には大津のいじめ問題、在任中は食物アレルギー事故を経験し、教育委員会制度改革の渦中にも身を置きました。教育委員会の良さと同時に組織としての課題も目の当たりにして教育行政のあり方を考えざるをえない機会も持ちました。

これらの危機管理広報分野のコンサルティングやトレーニング、学校との接点を通じて蓄積してきた経験や知識をお伝えすることで、学校におけるクライシスコミュニケーション（学校ＣＣ）を定着させたいと思い、『月刊　教職研修』で２０１６年から連載を開始しました。本書は、その連載を基軸として加筆・修正し、学校で危機的状況に陥ったときに「どう対応したらいいかわからない」と迷わないように、実際の失敗や成功事例を踏まえ、適切なクライシスコミュニケーションの考え方とスキルについてまとめたものです。

先生方には、危機的状況下でも適切な言葉で説明すれば、報道機関を通じて学校の抱えている問題を社会全体で考え改善させていくきっかけになると思っていただければ幸いです。そのためのヒントが本書にあります。キーワードは、小さなことでも危機感を持つこと、そして、それを一人で抱え込まないことです。困ったことを大騒ぎして語る勇気が時代をより良い方向へ進めていく、と私は信じています。

最後に。連載から出版まで3年間一緒に走ってくださった教育開発研究所の佐々木準さん、対談でご協力いただいた森崎秀昭さん、藤森和美さん、高野いせこさん、鷹松香奈子さんに心から感謝いたします。

2019年12月　石川慶子

もくじ

第3章 緊急記者会見への備え

第4章 あの事件・事故の教訓

第5章 【対談】外から見た学校CC

本書の事例で登場する企業や学校名などは、一部を除き、正式名称は伏せてあります。

第1章　学校ＣＣ入門

なぜクライシスコミュニケーションが重要なのか

クライシスの語源は「将来を左右する分岐点」

危機管理やリスクマネジメントといった用語は頻繁に使われますが、人によって使い方が異なるため、これらの言葉にはじめて出合ったときに混乱してしまいがちです。まずは用語の確認をしておきましょう。

最初に、クライシスとリスクを定義します。語源となっているラテン語から考えるとより明確です。クライシスは「将来を左右する分岐点」、つまり「チャンス」ととらえることができます。リスクは「勇気を持って試みる」です。日本語ではクライシスを「危機」、リスクを「危険」と訳しますが、もともとはネガティブな意味はなかったのです。

次に、それぞれマネジメントという言葉を加えて定義します。クライシスマネジメントは「将来を左右する重大な局面においてダメージを最小限にするために判断や行動を迅速にすること」になり、危機管理とほぼ同義です。リスクマネジメントは「将来起こるかもしれない重大なことを想像する勇気を持つこと」になります。最悪の事態を予測できれば回避できる可能性は高まります。「悪いことを想像すると、そのとおりになってしまうのではないか」というネガティブな言霊《ことだま》の発想に縛られるとリスクマネジメントはできません。

また、マネジメントは「管理」と翻訳されることが多いですが管理の意味合いは英語のコントロールに近いです。マネジメントは「目的、目標を達成するためにあらゆる手を打つこと」なので、リーダーにとってはマネジメントを使うほうがしっくりくるように思います。もっとも、危機管理の目的はダメージコントロールですから管理という言葉をそのまま使うことが好まれるのでしょう。したがって、本書でもクライシスマネジメントは危機管理として表記します。

◇危機管理はリスクマネジメントの一部

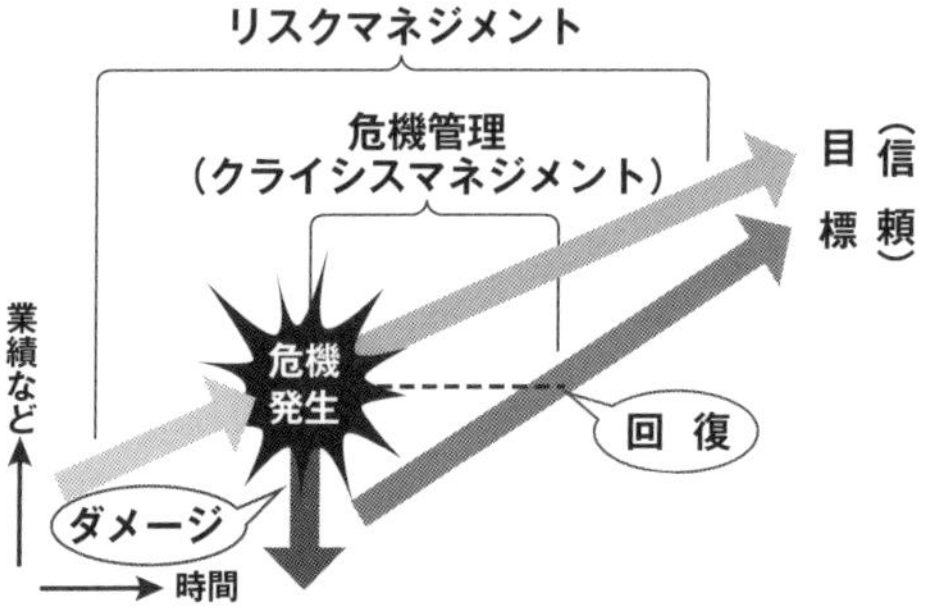

文科省のクライシス定義

文部科学省が2006年3月に策定した「学校における防犯教室等実践事例集」にある定義も確認しておきましょう。そこでは、危機管理とは「人々の生命や心身等に危害をもたらす様々な危険が防止され、万が一、事件・事故が発生した場合には、被害を最小限にするために適切かつ迅速に対処すること」と記述されています。リスクマネジメントは事前の危機管理、クライシスマネジメントは事後の危機管理とされており用語の使い方はやや異なりますが、私の定義と大きな違いはありません。

学校における具体的なクライシス（危機）事

例としては、文科省のいう教育活動中や登下校時における事件・事故だけでなく、万引きといった児童・生徒の問題行動、教職員のハラスメントといった不祥事、報道機関への不適切な対応などが考えられます。

私が経験したケースは、児童・生徒の自殺、いじめ、教職員による体罰、暴言、食物アレルギーによる児童死亡事故、学校への犯行声明文と実にさまざまです。どの事件・事故も報道に匹敵する重大事態であり、学校への信頼が揺るがされる内容でした。そのなかで実際にコンサルタントとして支援したのは、マスコミ対応、ならびに保護者対応としての「クライシスコミュニケーション」です。

クライシスコミュニケーションとは何か

クライシスコミュニケーションとは、危機発生時に、組織のトップが関係者と適切なコミュニケーションを図ることでダメージを最小限にし、信頼失墜を防ぐ活動です。「説明責任を果たすことでダメージを最小限にする活動」と、シンプルにとらえてもいいでしょう。具体的には「いったい何が起きているのか」といった事実や「起きたことにどう向き合おうとしているのか」という対応方針を説明することですが、ここでの表現に失敗するとダメージは深まり信頼回復への道が遠くなってしまいます。

たとえば、いじめなどの事件を「これはよくあることで大した問題ではありません」と過小評価する言葉を使ったり、「解決できるかどうかわからないのですが」と迷いのある言葉を使ったりすると、無責任な学校だと受けとられ、不信感が募ります。

固有名詞の取り扱いにも配慮が必要です。対警察や当事者同士、内部会議では固有名詞を出すべきですが、それ以外の説明の場では、どこまで出すのか基準を決めなければなりません。どうせわかってしまうから、噂《うわさ》が広がるから公表したほうがいい、という考え方もあれば、管理職だから公表する、という考え方もあるでしょう。相手に与えるインパクトや、その後の影響を十分考慮して固有名詞の取り扱い基準を決めておく必要があります。このように説明時における表現、適切なクライシスコミュニケーションは案外むずかしいのです。

学校が記者会見を開かなければならない理由

クライシスコミュニケーションにおいて最も判断に困るのは、記者会見を開くかどうか、です。なぜ、学校は記者会見による説明責任を求められるのでしょうか。それは学校を取り巻く関係者が報道機関に情報提供するからです。

どのようなルートで情報が流れるのか、直接知っている事例を紹介します。給食での事故では、地域住民がテレビ局に通報しました。生徒の自殺では、警察から報道機関に発表がありました。教師の暴言では、保護者が録音テープをテレビ局に持ち込みました。悪質ないじめでは、教育委員会が議員に報告したところ、議員から新聞記者に情報が漏れました。毒物混入疑惑事件では、保護者会で説明を聞いた保護者からテレビ局に情報提供されました。部活顧問から体罰を受けた生徒の保護者が、記者クラブに訴状を配付したこともあります。

保護者、地域住民、議員、警察など、学校と接点がある人たちから報道機関へ情報が流れていることがわかりますが、その動機はさまざまです。警察の場合、死亡者は発表しますし事件・事故情報を専門とする記者からの質問に答えることは日常的にあります。また、被害者の保護者が学校の対応への不満、不信から動くこともあります。皆の前で謝罪してほしい、という理由で情報を提供した保護者も過去にいました。こういったケースは、これからも増えていくと考えられます。

学校はすべての事件・事故について記者会見をする必要はありませんが、判断ができないまま記者会見をすることになってしまうと、ダメージは深まります。そして、記者会見を開くなら、何のためにやるのか、目的をはっきりさせておかなければなりません。

ダメージを最小限にする初動3原則

最重要対象者は誰か

危機が発生してしまった場合の初動にあたっては三つに絞った対応を推奨しています。私は「初動3原則ＳＰＰ」と名づけています。ＳＰＰとは、ステークホルダー（利害関係者）、ポリシー（方針）、ポジションペーパー（説明文書）の略です。詳細は2章に示しているので、ここではクライシスコミュニケーションとしての初動で見失ってはいけないことについて、ＳＰＰをもとに解説します。

ＳＰＰのＳにあたる「ステークホルダー」は、緊急事態を知るべき関係者が誰か明確にすることです。いじめであれば、加害者とその保護者、被害者とその保護者、周囲の友人とその保護者、教職員、カウンセラー、教育委員会などですが暴力行為を伴えば警察も入りますし、自殺という最悪の事態にいたれば報道機関、地域住民、議員、首長、文科省と利害関係者が増えていきます。そうしたなか優先順位はどうかを判断できていないと事態が深刻化します。報道機関が押しよせたときに本当に対応すべき相手を間違えてしまうからです。緊急事態を知るべき関係者の洗い出しをするとともに学校側の対応者も決めておきます。

収束に向けて方針を明確にする

二つ目のPにあたる「ポリシー」は、学校の対応方針を明確にすることです。そのなかで最も重大な判断が、記者会見をするか否か、です。記者会見を開くとなれば保護者会も開かなければなりません。発生した問題が小さいうちは個別の取材対応、保護者への手紙配付などで済みますが、記者会見となると学校だけではなく地域の問題となり教育活動に大きなダメージを与えることになるからです。したがって、記者会見を開くと決めたら、いつならばダメージを最小限に抑えられるか、何を説明するかを考える必要があります。

学校は子どもたちが集まる場所ですから、さまざまな事件・事故は日常茶飯事でしょう。報道機関が殺到するのは、そこに社会的問題がある場合、たとえば関係者の死亡事故、学校側の不適切な対応、珍しい事件・事故などです。記者会見の判断は、こうした社会全体で共有すべき問題であるかどうかが一つの基準になります。教職員の暴言やハラスメントについては記者会見や個別の取材対応はせず処分発表のみとする選択もあります。

報道機関は、何が起きて、学校はどう受けとめ対応しようとしているのか、を知りたいため、必要な情報を得られれば去っていきます。最も報道が長引くのは人々の関心が集まっている事件・事故について、学校から何も情報が出てこない場合です。報道機関への初期対応として重要なのは、取材拒否したり、逃げたりしないで、いつどのようなかたちで説明責任を果たすのか、学校の対応方針をきちんと伝えることです。記者会見を開くのか、報道資料を配付するのか、誰が報道窓口なのか。対応方針が短時間で固まらなければ、「○○時に対応方針を決めます」でもかまいません。肝心なのは対応する姿勢を見せることです。

的確な表現をする

三つ目のPにあたる「ポジションペーパー」は、現時点での状況を客観的視点で整理した文書を作成することです。これをもとに関係者で情報を共有しますが必ずしも外部に公表する必要はありません。内部資料としてもいいですし、問い合わせがきたときの手元回答資料としてもいいのです。

保護者、地域住民だけでなく、報道機関も学校側の発言には敏感です。ポジションペーパーの書き方は後述しますが「こういったことはよくあるので仕方ない」「予防できない」「担任が言ってくれていたら」といった表現をしてしまうと事態を過小評価している、起きたことに向き合っていない、被害者意識を持っている、責任転嫁している、と感じられてしまいます。かといって、起きてしまったことの原因がわからない段階で「責任」という言葉を使うのには躊躇《ちゅうちょ》もあるでしょう。

責任を認める発言をしてしまったら、訴えられたり、裁判で不利になったりするかもしれない、といった不安が頭をよぎると思います。

大切なのは的確な表現です。児童・生徒が自ら命を絶ってしまった場合には「本当の悩みを理解できなかったことに責任を感じる」「学校として、もっとできることがあったかもしれない」「気持ちの変化のスピードについていけなかった」など学校としての反省点を見つけて正直な気持ちを言葉にすることが、悲しみを共有し再発防止のために考えを深めることになるのではないでしょうか。

私が迷った表現は、給食に毒を入れることを予告する文書が教室で発見された際に、それを「犯行声明文」や「脅迫文」とするかどうかでした。書かれた内容だけ見れば犯行声明文ですが、文字の形や表現から判断すると騒ぎを起こしたいだけの幼い動機が見え隠れしていました。最終的には「不審な文書」と表現することにしました。犯行声明文とすると無差別テロのような強い印象を与えてしまいミスリードであると判断したからです。危機発生時の表現は平時以上に神経を使います。

実際に危機発生時の現場に行くと、学校はその場の対応に追われている、あるいはショックが大き過ぎるため、現時点での状況を客観的視点で整理し的確な表現をすることがうまくできません。そこで、私がその部分のお手伝いをするわけです。関係者からヒヤリングし、ポジションペーパーとして文書化していきますが、その過程で当事者の気持ちをたどるため、的確な表現を見つけられると実感しています。学校にも的確な表現に集中して取り組む担当者をつけることが望ましいでしょう。

第2章 リスクマネジメントの訓練

リスクマネジメントの進め方

リスクマネジメントの国際的規格ISO31000

記者会見をするほどの重大事態を避けるには、平時から予測して回避すること、あるいは問題が小さいうちに対応するリスクマネジメントが重要です。クライシスコミュニケーションを掘り下げる前にリスクマネジメントの考え方やスキルを理解しておきましょう。

私が教員研修センター（現・独立行政法人教職員支援機構）でリスクマネジメントに関する講師を務めはじめたのは2005年からです。当時、企業ではすでに、事後対応としての危機管理からリスクマネジメントへ考え方がシフトしていました。2009年には、リスクマネジメントの国際的ガイドライン「ISO31000」

も発行されました。ここで日本は重要な役割を果たしています。2005年に日本とオーストラリアが国際規格発行を提案したことがISO31000誕生のきっかけになっているからです。

阪神淡路大震災を契機として、日本は1996年に危機管理システムに関する国家規格を制定し、2001年3月にはリスクマネジメントシステム構築のための指針を制定していたことが背景にあります（リスクマネジメント規格活用検討会編著『ISO31000：2009　リスクマネジメント解説と適用ガイド』日本規格協会、2010年）。その後、各国でもリスクマネジメント規格開発が進み、2009年11月のISO31000発行にいたりました。

2018年にはその改訂版となる第2版が発行され三つの要素「原則」「枠組み」「プロセス」が明記されました。2009年版にも「原則」「枠組み」はありますがキーワードとして「ガバナンスや文化」「人的および文化的要因を考慮する」「統合」が新たに追加されました。リスクマネジメントの体制をつくっても、「言えない」「言える雰囲気ではない」といった人に依存する組織の空気や文化がリスクマネジメントを阻《はば》むことへの危惧の現れです。重大な事件・事故では第三者委員会の設置により客観的視点からの調査がなされ、組織風土の問題を指摘されることが多くなりました。このことが2018年の改訂版に反映されたと考えられます。

学校も無縁ではありません。いじめや体罰について言えない雰囲気が事態を悪化させてしまうことが、これまで何度も指摘されているからです。問題が小さいうちに「大きな問題」として危機感を持って対応することがリスクマネジメントの肝であるといえます。具体的に、どう異常を発見し共有するかについて、ISO31000が提唱しているフレームワーク（枠組み）は参考になります。「洗い出せないリスクはコントロールできない」という考え方から、リスクを洗い出すことに力点を置くことがポイントになります。

◇ＩＳＯ３１０００のフレームワーク

リスクマネジメント実践は、上の誰かが考えるものではなく、すべての段階で情報を公開し、疑問や要求に応えながら、関係者と理解を共有して進めていく

困ったことを相談し合える関係をつくる

ＩＳＯは、International Organization for Standardization（国際標準化機構）の略称で、公正な取り引き発展のための基準づくりをしている団体のことです。通常は企業を対象としていますが、ＩＳＯ３１０００は、企業だけでなく、適用範囲があらゆる公共、民間の団体、あるいは個人とされている点が特徴です。自治体や学校も入るということです。

ＩＳＯ３１０００で、私が着目したもう一つの特徴は「コミュニケーションおよび協議」が組み込まれている点です。学校のリスクマネジメントにあてはめれば、教職員だけでなく、保護者、地域住民、カウンセラー、弁護士といった関係者や各分野専門家と学校の抱える課題を共有して解決していくことだといえます。

ある小学校を訪問したときのことです。校長先生は「情緒不安定な1年生が増えてきました。安心して家庭学習できる環境にない児童もいます。もはや学校だけでは問題解決できません。生活福祉課や児童相談所、医療機関、弁護士、警察との連携は不可欠です」と語りました。

ある自治体の教育長は校長先生たちが集まる会合で次のようにあいさつしました。「教育委員会は案件ごとに対応部署が異なります。どこに電話したらいいか、わからないこともあるでしょう。その場合にはどこの部署でもかまいません。とにかく躊躇なく電話してください。こちらでは、どこにかかってきてもしかるべき部署に回して学校をサポートする体制を整えています。一人でがんばり過ぎないでください。私たちを頼ってください」。このように困ったことを共有できる関係を

◇ハインリッヒの法則

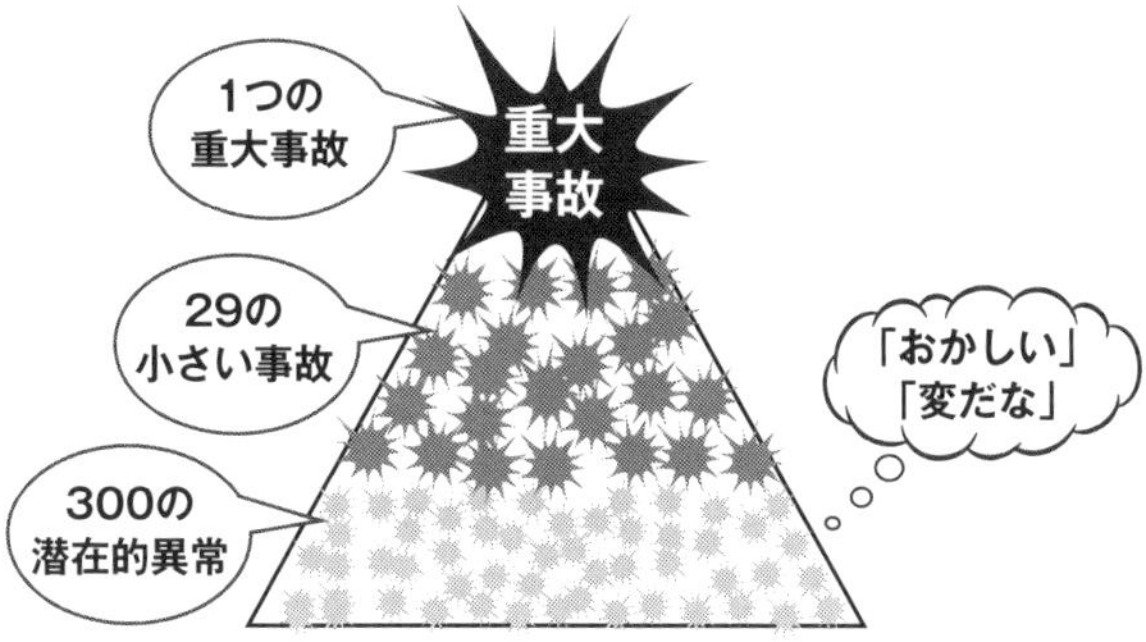

つくること、それを言葉に表現できることがリスクマネジメントそのものであると感じました。

一つの事故の背後に300の異常

大きな事件・事故は突然起きると思いますか。当事者はたいてい「こんなことが起こるとは予測できなかった」と口をそろえて言いますが調査すると似たような問題が複数出てきます。

一つの大きな事件・事故の前には29の小さな事件・事故があり、その背後には「おかしい」「変だな」「危ない」「間違った」という潜在的異常が300あるといわれています。これは「ハインリッヒの法則」と呼ばれ、リスクの洗い出しの重要性を説明するときに使われます。日常の学校生活に潜んでいる異常に対して、それを発見する力と共有する体制があれば重大事態は避けられるのです。

私が直面した給食でのアレルギー事故死でも、過去2年間に24件の小さな事故があったことが後に判明した際には愕然《がくぜん》としました。なぜ、その24件を共有できなかったのか。ふり返って思ったのは、学校での事件・事故情報を書類で共有していなかったことが原因ではないか、ということです。

教育委員になって最初に会議で指摘したことが事件・事故情報の共有形式でした。当時、学校での事件・事故情報以外は書類があるのに、それだけは口頭での説明だったのです。ですから、こちらは説明を一生懸命メモします。どうして事件・事故情報だけ書類がないのか聞くと、担当者は当惑してこう回答しました。「確かにそうですね。なぜでしょうか。私が来たときにはそうなっていました。改善検討します」。慣例で引き継いできたことがわかりました。アレルギー事故が発生したのはこの半年後です。

教育委員への配付資料はすべて自治体ホームページに掲載されていたので、おそらく学校での事件・事故情報は公開したくなかったために書類を作成していなかったのではないか、と推測します。しかし、重大事態が発生した後はそんなことは言っていられません。学校名がわからない形式で事件・事故情報は書面化されることになりました。

小さな事件・事故のときこそ、「大事にならずによかった」で済ますのではなくどうしたら防ぐことができるかを考える。そして、自分たちの手に負えないと感じたら専門家に依頼すればいいのです。学校の中で起きた問題はすべて学校だけで解決しなければならない、という呪縛から解放され、外部の専門家を頼る道も選択肢のなかに加える時代ではないでしょうか。

前述のアレルギー事故では、事後になってしまいましたが、医療や事故の専門家、弁護士、カウンセラー、栄養士とともに保護者、教職員が討議を重ね再発防止のためのガイドラインを策定しました。大阪府教育委員会では、2013年にスクールロイヤー制度を導入しました。いじめや保護者との問題発生時に弁護士が法的観点から学校に助言する制度です。このように外部の専門家と連携すれば、日常の学校生活に潜んでいる300の異常を発見し共有する体制を構築しやすくなるでしょう。

異常を発見する能力はリスクセンスといえます。皆さんの職場でも堂々と「おかしい」と言える雰囲気をつくることでリスクセンスは磨かれます。

「誰が」ではなく「なぜ」の発想で原因を探る

誰かの失敗や間違いが発覚したとき、つい感情的になって怒ってしまうことがあります。しかし、人間は完璧ではないので、ヒューマンエラーは必ず起こると考えて、組織として何重にもチェック機能をつくる必要があります。「誰が」ではなく「なぜ」起きたのか、原因を探る発想が再発防止につながります。

ミスした人の処分のみでは本当の問題解決にはなりません。処分をおそれて自分の失敗を隠すようになってしまうからです。米国では再発防止を重視するため、鉄道や航空機の事故調査では刑事罰を問わないルールのなかで原因を追及する形式をとっています。失敗報告を改善案とともに提出させている企業事例は国内にもあります。失敗が多ければ多いほど参考になる事例を多数提供したとして社長賞を授与しているのです。

自分のミスは隠したくなりますが、失敗した人を責めない、失敗を共有することで再発防止に活かす発想で組織が運営されればリスクマネジメントは定着していきます。たとえば、学級担任はクラスの問題を自分だけで解決しようと情報を抱え込みがちです。しかし、学校全体でミスやトラブルといったネガティブな情報を共有できれば別の誰かが同じ過ちを繰り返してしまうリスクを減らすことができます。失敗情報をためらわずに共有できる雰囲気をつくることが最悪の事態を回避する策なのです。

子どもの「言わないで」はリスクの芽

子どもたちの言葉には多くのヒントがありリスクの芽といえます。とくに「言わないで」は「SOS」です。いじめが発覚したある学校では、いじめの対象となってしまった中学1年生が「相手は仲良しの友だちだから言わないで」と強く主張したため、学校側は慎重に対応を進めることにしました。その結果、1ヵ月余りのうちにいじめがエスカレートして、その生徒は自殺してしまったのです。気持ちの変化のスピードが速過ぎて、慎重に進めようとする学校側の対応が間に合わなかったのでしょう。心理的に追いつめられている状態にあると、大人であってもまたたく間に死に追い込まれていきます。平常時の感覚で「まだ大丈夫だろう」と思ってしまうと取り返しがつかないことになってしまうのです。

子どもの「言わないで」が「SOS」であることを、これほど痛々しく実感した経験はありませんでした。児童・生徒の言葉や表情を見て追い込まれていないかどうかを注意深く観察すること、カウンセラーなどの心理専門家といち早く連携していくことが欠かせません。このいじめ事件の対応には、若手教師だけでなくほかの教職員、校長先生もかかわっていました。学校ではよくあることでも本人にとっては初めての経験で追いつめられてしまうこともあるのです。大人の目から見て小さなことでも危機感を持って迅速に行動しなければなりません。

トレーニングの組み立て方

判断に迷うリスクを洗い出す

学校における危機管理マニュアルは整備されていると思いますがトレーニングをしないと身につきません。トレーニングはマニュアルどおり対応できるようになることではなく、自分が「どこで判断に迷うのか」を明確化することにこそ、意味があるのです。

事件・事故のリスクは学校ごとに異なるので、対応の仕方も変わってきます。そのため自校にどのようなリスクがあるのかを皆で検証したうえで、それぞれの対策を立てていきます。リスクの洗い出しに役立つツールとして「リスクマップ」があります。これはダメージ（影響度）と発生頻度を縦と横の軸にしたマトリク

◇リスクマップのひな形

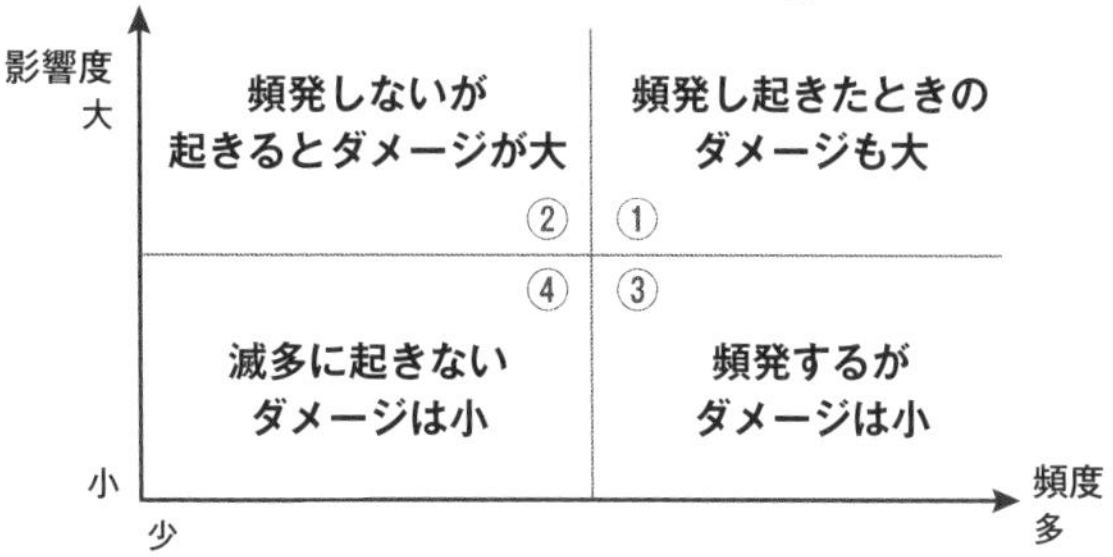

ス表にリスクを書き出したものです。4分割された表の番号①から④は対策を立てる優先順位の高さになります。

作成のコツは、全教職員がリスクの洗い出しに参加すること、すべてのリスクを否定せずに反映することです。その際、一人30以上、学校組織としては300以上を目標としてリスクを出し切ります。顕在化された時点でクライシスの回避可能性はグンと高まるからです。出しきったところでリスクマップ上に整理・分類していきます。模造紙を使い、各自が発見したリスクを付せんに書いて貼っていくといいでしょう。

具体例として「部活指導での体罰の疑い」は、部活動が活発な学校では発生頻度が高く影響度も高いため①に分類されますが、人によっては③だと思うかもしれません。この配置のズレを徹底的に討議することも組織としての危機管理意識を統一する重要なプロセスです。また、近年増加した災害については、「災害訓練のマンネリ化」などと踏み込んで書いたほうが問題がより浮き彫りになります。このリスクは、発生時の深刻度が高いので②ではないでしょうか。「教職員の机が書類の山」は、先生方が処理しきれない仕事を抱えている可能性があり、放置すると何らかの問題が起きるかもしれません。いったん③に配置しつつ、状況次第で①に入れるなどの将来リスクも考えます。最後に④に分類されるリスクは、ダメージも発生頻度も低いためリスクは認識しつつもすぐの対策はとらず「保留」と考えます。

整理・分類が終わったら、絶対に回避すべき①から順番に各リスクの要因を分析して対策を立てます。「部活指導での体罰の疑い」であれば、顧問が一人体制でほかの教職員と状況が共有されていない、体罰で強くなってきたという慣例、勝利至上主義が学校全体の雰囲気としてある、といった要因が考えられます。対策としては、部活動の外部委託化、顧問やコーチへのコーチング研修といったことが考えられるでしょう。

最悪のシナリオで初動3原則訓練

完璧な対策を立てても、実際のクライシス発生時に行動できないと意味がありません。そこでリアルなシナリオをつくり危機的状況に身を置いたなかで次々にむずかしい判断をしていくトレーニングをします。シナリオは、いじめや体罰といったテーマを決めて、5W1H（いつ、どこで、誰が、何を、なぜ、どうした）の設定のもと、1千字程度で作成します。状況は「最悪」を想定します。深刻なシナリオを描く理由は最悪の事態を回避するためです。

たとえば、「生徒Aさんが遺書を残して自殺。遺書には友人3名の名前が書かれていた」というテーマとします。このようなショックが大きい事態には、誰もが頭が真っ白になりますが、トレーニングでは冷静に考えることが可能です。

◇初動3原則SPPとチェックポイント

ステークホルダー （**S**takeholder）	☑ 被害者は誰か ☑ 知るべき人は洗い出したか ☑ 対応の優先順位はつけたか
方針 （**P**olicy）	☑ 何を守るのか ☑ どのように情報開示するのか ☑ 記者会見は何のために行なうのか
ポジションペーパー （**P**osition Paper）	☑ 説明責任を果たしている内容か ☑ 誤解を招く表現はないか ☑ 読み手の気持ちを考えているか

危機が発生してしまった場合の初動は「SPP」の3原則で判断します。最初に「ステークホルダー（利害関係者）」を洗い出します。このシナリオの場合、Aさんの遺族が最重要対象者になります。遺書に名前が記載されていた友人3名も緊急事態を知るべき関係者となり、その保護者も同様です。そのほかのステークホルダーは、クラスメイト、同学年の生徒、部活のメンバー、担任や管理職をはじめとする関係教職員、一般保護者です。それに加えて、教育委員会、地域のほかの学校、警察、病院、議員、報道機関など学内にとどまらず相当な数が想定されます。

◇ポリシー（学校の対応方針）の観点

どのように発信するのか	記者会見するのか 文書を配付するのか
いつ発信するのか	通常は 24 時間以内を目安に 命にかかわる場合には 2 時間以内を目安に
どこから情報発信するのか	教育委員会か記者クラブか （学校は避ける）
スポークスパーソンは？	校長か教育長か
誰に向けて	保護者、地域住民、報道機関
何を伝えるのか	謝罪、説明責任、哀悼、お見舞い？ 犯罪者への憤り？

洗い出した後、対応する相手の優先順位をつけて、それぞれ学校側の対応者も決めます。次に、いつどのようなかたちで説明責任を果たすのか「ポリシー（方針）」を明確にします。大切なのは学校として「何を守るのか」を考えることです。そして「ポジションペーパー（説明文書）」として現時点での状況を客観的視点でまとめます。作成にあたっての想定読者は、保護者、地域住民、報道機関になります。

ポジションペーパーは、①概要、②発生後の対応や経緯、③（考えられる）原因、あるいは組織としての反省点、④再発防止策、⑤現在の思い（悲しみや怒り）と、おおよそ五つの項目で作成します。これは説明責任を果たすための最重要項目と認識してください。なかでも「発生後の対応や経緯」は（トレーニングとしても）必須です。時系列で整理すると、いつどこで誰が事態を把握し、そのときどう行動したのか、何が不足していたのか、どこで判断に迷ったのか、をふり返ることができるからです。

クライシスは、直接的な原因だけでなく複数の環境的な要因が絡み合うことも多く、その原因を断定するのは困難です。しかしながら、できる限り情報を整理して学校としての反省すべき点から目を背けずに、再発防止に向け明確な対策を打ち出していく必要があります。

◇「個人情報流出」時のポジションペーパー見本

生徒ならびに保護者の皆さまへ

○○年○月○日
○○学校　校長　山本太郎

生徒情報の一部流出についてのお詫び

このたび、本校生徒情報の一部がインターネット上に流出していることが判明いたしました。生徒ならびに保護者の皆さまには心よりお詫び申しあげます。**（簡潔な全体概要と見解のリード文）**

これまでの経緯は次のとおりです。
10月4日10時、保護者の方から、本校生徒の情報がインターネット上に流出しているのではないかといった通報がありました。すぐに調査チームを結成し、該当サイトの内容と照合したところ、本校所有情報と一致したため、運営サイトに削除依頼をしました。その結果、4日14時に削除されました。あわせて、現在、ほかに流出していないか調査をかけておりますが、今のところ別のサイトでの流出は確認されていません。**（事実として何があったのか、学校はいつ知って、どう行動し、現在どうなっているのか。このケースの場合は、被害拡大防止のため、削除を最優先とする）**

今回流出した情報は、○学年の○時期における成績記録などの情報241件です。**（詳細を発表すると被害拡大するので記載は概要でよい。詳細は口頭で説明）**

原因はまだ調査中ですが、専門家に相談しながらサイバー攻撃、盗難、管理不足など、あらゆる方向から進めています。1ヵ月をめどに原因と今後の再発防止策を明確にする方針です。**（原因不明の場合でも調査方法や期限を記載する。内部だけでなく、専門家を交えていることが信頼材料となる。専門家を入れるべき、という意見はますます高くなっている）**

今後、流出した情報により、生徒の皆さまに被害が及ばないよう、○○に相談窓口を設置します。不審な情報がありましたら、お問い合わせくださるようお願いいたします。

このたびは誠に申し訳ございませんでした。重ねてお詫び申しあげます。

■相談窓口
○○課　電話○○　受付時間○○　開設曜日○○ **（報道機関向けに文書を配付する場合には、報道機関の問い合わせ窓口も記載）**

「なぜ」を5回以上くり返し本質に迫る

説明責任の肝となるポジションペーパーの5項目で最も重要なのは「原因」になりますが、学校の先生方は原因に向き合うことが苦手なように感じます。教員研修センターで行なっていた原因分析のトレーニングにおいて「原因は特定できない」「予測で原因は書けるわけがない」「学校の責任問題になってくると困る」といったコメントを少なくない頻度で聞きました。ある自治体の学校事故報告のひな形にも「概要、対応、今後」という項目はありましたが「原因」欄はありませんでした。本来、原因と対策は一体であるべきなのに、どうして記載されていないのか、不思議でなりません。これでは本質的な問題へのアプローチが不十分であり、有効な再発防止策が打てず、同じ過ちをくり返すことになります。

「憶測」と「推測」を混同している可能性もあります。憶測は根拠のない推理ですが、推測は根拠がある推理です。憶測はいけませんが推測はあってもいいのです。たとえば、2011年3月11日の福島原発事故で、東京電力は状況を把握しきれていない状態ではありましたが、いくつかの考えられる原因について根拠を示しながら説明しました。原因を推測して次々に手を打たなければ手遅れになるのです。原因がわからないなら、なおのこと追究していく姿勢がなければ永遠に問題の解決にはいたりません。

原因を深く考察するにあたっては、直接的な原因と環境的な要因の両方から考えると、より客観的にアプローチすることができます。ひと昔前であれば「担任がミスをした」「担任が気づかなかった」といった言い訳が通用したかもしれませんがいまは明らかに時代が変わりました。直接的な原因よりも環境的な要因、つまり「組織としての反省点」を説明することが求められる時代になったのです。担任任せではなかったか、学年で困りごとを共有する場はあったか、相談しやすい雰囲気が職員室にはあったのか。もっとシンプルに考えてもかまいません。「なぜ」を5回くり返すと、見えている部分から、その背後にある本質的な問題までたどりつくといわれています。

前述の中学1年生がいじめにより自殺してしまった実例では、学校側は、その生徒が友人たちにからかわれたり、いじめられたりしていたことを1ヵ月前から把握しており、対応の真っ最中でした。保護者と連絡をとり合い丁寧な対応をしているつもりでしたのでショックは大きかった。生徒の自殺を、どうして防げなかったのでしょうか。

この学校の問題点は事態を見守るという方針を立てた初動にありました。「生徒が友だちと仲良くしたいと言うから、いじめた子への個別指導はせず、全体集会での注意にした」「担任を支援すれば乗り越えられる問題だと考えたので、カウンセラーの力は借りなかった」などと、後に教職員は証言しています。しかしながら、生徒が本当に悩んでいる部分がわからなかった、本人の意思を尊重し過ぎて周囲のヒヤリングをしなかった、丁寧というより時間をかけ過ぎていた、といった別の原因も考えられませんか。重大事態の発生時だけでなく、問題が小さい場合であっても原因を掘り下げて本質に迫ることが、次のクライシスを防ぐのです。

第3章　緊急記者会見への備え

記者会見の開き方

開催判断の基準

学校のクライシスコミュニケーションについて、先生方からの質問で多いのは記者会見の開き方です。それもそのはず。日常的に記者会見を開いている学校はほとんど皆無なので、そもそもどうして記者会見を行なうのか、どんな状況になったら行なうのか、ということがわからないのです。学校は地域の要であるからこそ、必要に応じて記者会見をすることによって児童・生徒や保護者、教職員への過剰な報道を抑える、地域住民の不安感を払拭する、といったダメージを最小限にする役割が求められます。

ある学校では、校長先生がマスコミ対応に追われ、一日中校長室で電話対応していたということがあります。記者会見は一度で説明できるので同じ質問に同じ回答をくり返す個別の取材対応より肉体的負担は少ないです。記者会見をするか否かは、何のために行なうのか、学校として何を守るのか、目的を明確にしたうえで決定します。判断できない場合には教育委員会を通して記者クラブの窓口となっている自治体の広報課と相談することをお勧めします。記者会見に不慣れな教育委員会の事務局だけで決めると失敗する可能性があるからです。

開催判断の基準は、自治体の規模や地域性にもより一概には言えないため、大まかなものを説明します。まず絶対に避けることができないのは児童・生徒が学校管理下で死亡したときです。自宅での自殺の場合も、いじめや体罰などが関係する可能性が高く、記者会見は避けられないでしょう。

しかしながら、2012年、大阪市立の高校生が体罰を苦に自殺してしまった事件では、報道がどんどん過熱していくなか、部活顧問がNHKの単独インタビューに出ることによって収まりました。このようにクライシスの収束には、記者会見ではなく、当事者によるインタビューという形式の選択肢もあります。

命にかかわる事態にまでいたらない、いじめや体罰、わいせつ行為、教職員の暴言といったことが一部の報道機関に流れたケースは判断がむずかしいです。ここで記者会見を開くと被害者がさらにダメージを受ける危険性があるため、どんなに大変でも個別の取材対応で乗り切ったほうがいいケースがほとんどです。報道陣から「なぜ、記者会見を開かないのか」と詰められても「被害児童（生徒）を守るために記者会見は行なわない」と毅然とした対応をとればいいのです。

報道機関へのアナウンス

集まる記者は総勢10社から40社程度です。基本的には地元の報道機関、全国紙やテレビの支局になります。全国への影響がある事件・事故になれば１００名以上集まることもあります。記者会見についての報道機関へのアナウンスは、公立の学校は自治体の広報課を通じて行なえばいいでしょう。通常、記者クラブには幹事社があり広報課の職員が開催日時と場所を交渉してくれるはずです。私立の場合は文科省の記者クラブに相談してください。まったくわからないときには自治体の広報課に相談します。広報課の職員はコミュニケーション能力が高く親切な対応が期待できます。

報道機関の取材攻勢のなかで避けたいのはカメラに追われて逃げるようにしている姿を見せることです。事件・事故そのものから逃げているように感じられるからです。記者に取り囲まれないような動線の確保が肝要ではありますが、まったく対応しないと自宅に押しかけてくることも十分考えられます。取り囲まれた際には、立ち止まって「記者会見を開き、学校としての説明責任を果たします」など、きっぱりと方針を伝えましょう。

いつ開くのか

記者会見の理想的な開催日時は保護者会の後です。かといって報道機関が殺到している状況では先に記者会見をせざるをえないのが現実です。死亡事件・事故案件で緊急会見を避けることができない場合、午前中に大手マスコミから1件でも問い合わせがあったら、その日のうちに開催する覚悟を持つことが必要です。

開始時刻の決まりはありませんが、できるだけ1回で終わらせることができるよう情報を整理する時間はつくりたいところです。開くと決めてから半日あるだけでも違います。十分な準備ができていない状況で開くことには不安が伴いますが、学校側が顔を出すことで「逃げていない」というメッセージ発信になります。記者会見は社会的な信頼を回復させるための第一歩なのです。

ただ、クライシス発生直後でほとんど情報が整理できていないこともあります。そうしたなかでの緊急会見では「調査委員は誰か」「どこまで調査が進んでいるのか」「いつ結果を出すのか」といった調査体制を説明します。そして、2回目の会見予定を決めたうえで「いまお話しできない点は、次回ご説明します」と説明責任を果たす姿勢を貫きます。

記者会見の組み立て方

以前は体育館で記者会見を開くケースが多く見られましたが、啓発が浸透したのか最近は減ってきました。そうです、平常どおりの学校生活を守るためには、学校から離れた場所、教育委員会の会議室や記者クラブで開催するべきです。

主な内容は学校側の説明と質疑応答です。「どのくらいの時間やればいいのですか」という質問もよく受けますが、記者会見の組み立て方次第です。説明が30分なら質疑応答も30分、これが一つの目安になります。では説明10分、質疑応答10分でもいいかといえば違います。記者会見全体で1時間以上2時間以内が一般的な基準です。口頭だけの説明になると記者から確認の質問が多くなり2時間を超過してしまう可能性が高いです。質問を減らすためにも説明資料、ポジションペーパーはあったほうがいいのです。

記者会見は司会役が仕切ります。記者クラブで開催する場合には、クラブごとに運営ルールが決まっており、幹事社が司会を担当するルールなら任せなければなりません。しかし、事前打ち合わせは可能なので交渉の余地はあります。学校側で司会役を設定できる場合には、観察力のある方が担当するといいでしょう。一人で質問し続ける記者を制したり、学校側が答えに窮《きゅう》したら「その質問は担当者が後ほど資料を用意します」といった助け舟を出したりするなど、荒れないように場をコントロールする力が求められるからです。

報道陣に説明するスポークスパーソンの人数ですが、学校側はすべての質問に完璧に回答できるよう担当者をずらりとそろえ多人数体制で臨もうとしますが、かえって印象は悪くなります。誰が責任者か、わからなくなるからです。適切な回答ができるように各担当者を待機させるのはかまいませんが、表に出るスポークスパーソンは一人か二人に絞ったほうがいいでしょう。

想定問答は直後、過去、未来で考える

記者からの質問への回答を想定するにあたっては、事件・事故の「直後、過去、将来」の順番で時間軸に沿って考えると取り組みやすいです。「直後」に関する質問は主に状況確認になります。校長先生はどこにいたのか、いつどのように知り、どのようなアクションを起こしたのか。誰が誰にどのような指示を出し、その結果どうなったのか。問い合わせは何件あり、その中身はどのようなものか。

「過去」は、このような事件・事故は初めてのことなのか、それとも過去に同様のケースがあったのか。答えによってその後の質問の語気が変わります。初めてではない場合、どうして過去の教訓を活かせなかったのか。引き継ぎはなかったのか、気づかなかったのか、言えなかったのか、それはなぜだと思うか。

「将来」は今後の方針です。再発防止には何が重要だと考えるか、誰がどのような処分の対象となるのか、処分はいつどのように決まるのか、トップとしての責任はどうとるのか。

記者特有の質問方法とは

記者には特有の質問の仕方があるため、慣れておくことが必要です。「そんな体制では何の解決にもならないでしょう。もし同じことが起こったら、どうするのですか」といった仮定の質問。「地域住民から評判が悪い先生だったようですね。校長はどう見ていたのですか」といった噂からの質問。「つまり、安全対策は十分でなかったということですね」といった誘導。「学校の過失、ご自身の責任を認めるわけですね」といった結論の押し売り。なぜ、このような聞き方をするのか。それは、相手の感情に揺さぶりをかけることで本当の気持ちを聞き出したいからです。

ある記者がこんなことを言いました。「家の近くの木で子どもが首つり自殺した現場を見た。その位置に立つと学校が見える。ここで命を絶ったとき、どんな思いでいたのかと心をえぐられる。この子の無念を晴らすために、絶対に真実を明らかにする。それがぼくらの役割だ」。このような気持ちでいる記者には小手先の回答では太刀打ちできません。記者からの質問にもっともだと思う部分があればそれを受け入れていくことも、ときには必要かもしれません。記者会見における厳しい追求によって真実に近づくことができるケースもあるからです。

「絶対に言わないこと」を明確にしておく

質問に対する回答はいくらでも考えられますが、ポイントは「絶対に言わないこと」を明確にし書面として「想定問答集」を作成することです。記者は真実を明らかにする使命があり質問スキルも相当高いです。また、すべての想定問答を用意したところで覚えておくのは不可能ですし、本番で頭が真っ白になってしまうことも考えられます。したがって、想定問答集には実際の対応では絶対に言わないこと、その理由を書き出しておけばいいのです。

ここでクラスや担任の名前、病院名などの固有名詞には要注意です。保護者や地域住民、警察から固有名詞を聞き出すのも記者の仕事であり、うかつに発言すると取材がそこに殺到してしまいます。また、明かされた側は「大事にされていない」「守られていない」と感じてしまうおそれがあります。真実を明らかにする姿勢は大切ですが、個人を守る視点を絶対に忘れてはいけません。名前は公表せずに性別、年齢、キャリアまでは回答する、といった取り扱い基準はありえるでしょう。

保護者会では感情に寄り添う内容で

記者からの質問と保護者からの質問は重なる部分も多いのですが、保護者会では情緒的な質問が増えるので感情に寄り添う回答とします。固有名詞の取り扱いについては、保護者にとってクラスや担任の名前は周知のことなので伏せずに説明したほうが適切でしょう。

ほかに記者会見との違いとして、いじめの手口などは、記者会見では被害拡大の可能性があり詳細を公表するのは避けたほうがいいといえますが、保護者会ではその後の自分たちの子どもの行動にかかわるため伝える判断もアリでしょう。一人の時間を増やさない、家族で話をする、といった予防的観点で家庭でもできることを考えるからです。

また、カウンセラーなどの専門家チームにより、児童・生徒への個別対応だけでなく組織的にも対応する方針を伝えます。専門家から直接説明してもらえれば保護者の安心感はいっそう高まるでしょう。

非言語メッセージも意識する

外見リスクを知ってマネジメント

報道機関への対応力をつけるうえで、取材や記者会見などの場を想定してロールプレイ（役割演技）を行なう「メディアトレーニング」という手法があります。ビデオ撮影して「どう見えるのか」をふり返るプログラムです。ロールプレイの直後は「ああ、きちんと説明できなかった」とつぶやく方が多いですが、ビデオに映る自分の姿を見れば「姿勢が悪い」「下ばかり向いていて自信がなさそうだ」と内容よりも見え方についての感想を述べるようになります。それほど人は耳からよりも目から入る情報に心を奪われるということです。

多くのメディアトレーニングを通して、中身と外見が一致していないがゆえに損をしている方が多いと感じました。そこで私は、２０１５年３月に「外見リスクマネジメント」という考え方を提唱しました。「見られたい自分に見られていない状況をリスクとし、そのギャップを埋めること」と定義しています。

とくに謝罪の場面では大きなリスクとなります。典型的な例は苦笑いです。謝罪しながら苦笑いしていると本当に謝罪の気持ちがあるのだろうか、と相手を不快にさせてしまうからです。いつもニコニコしている人柄の良い人ほどやってしまいますが、クセは意識すれば直していくことができます。苦笑いの場合、眉間《みけん》に力を入れ奥歯を噛みしめるといった表情コントロールを習慣化することで改善していきます。服装の場合、たとえば、光る時計、アクセサリーをつけていれば不謹慎と見られます。身だしなみが整っていればきちんと感が出ますし、姿勢がよければ信頼感、ゆったりとした落ち着きある動きは安定感を与えることができます。

このように私が定義している外見とは、顔かたちのことではなく、口元や目線

◇外見の定義

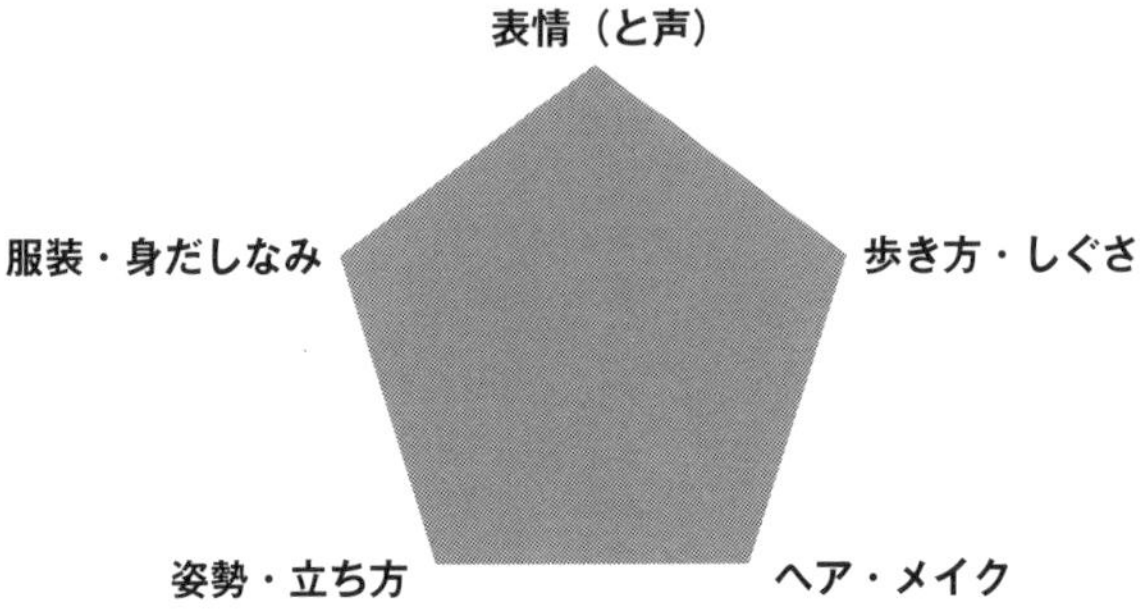

などの表情、髪型やメイク、服装や身だしなみ、姿勢や立ち方、歩き方やしぐさといった動きです。生まれつきのものではなく自分でコントロールできる内容ですから、外見にもリスクがあることを知ってマネジメントしていきましょう。

謝罪時の服装

謝罪のときには、どのような服装にしたらいいでしょうか。男性の場合は、ライトグレーなどの明るい色は避け、紺やチャコールグレーといった引き締まった色のスーツを着用します。どう

◇謝罪時のスーツの「Vゾーン」

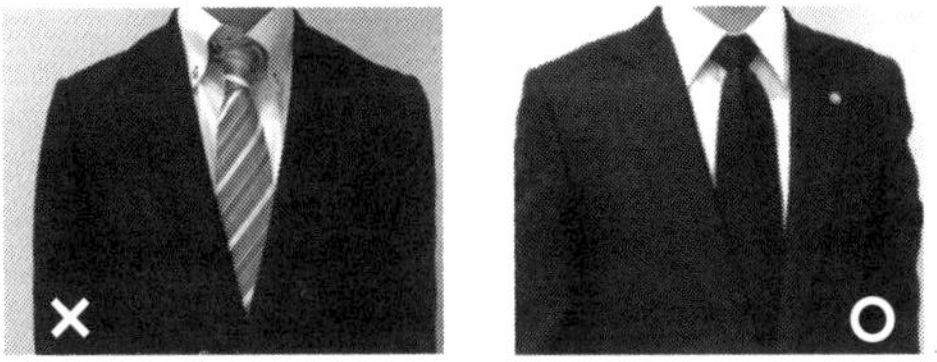

謝罪などの公式な場では

ボタンダウンシャツ……×

第一ボタン外れている…×

ストライプネクタイ……×

して明るい色がだめなのかは事態を軽くとらえているように見えるからです。ネクタイも同様で、柄はあってもかまいませんが遠目には濃紺に見えるネクタイにします。ストライプや大柄、赤いネクタイ、ピンクは絶対に避けるべきです。学校のカラーがピンクであっても、謝罪のときには学校をアピールする場ではないことを自覚しましょう。

サイズにも注意が必要です。大き過ぎるときちんとしていないように感じられるため、普段から自分の体のサイズに合った服を用意しましょう。立ったときは必ず上着のボタンをとめて、きちんと感を出します。案外、このような着こなしの基本ができていない先生方は多いのです。また、ボタンダウンシャツはスポーツウェアの名残りでカジュアルな印象を与えてしまうのでスーツには合わせません。

女性の場合は、紺色でまとめると間違いありませんが、黒やグレーのスーツでもかまいません。男性ほどスーツの着こなしに決まりごとがないとはいえ、謝罪では潔い見え方が重要です。髪型やインナーをすっきり見せる工夫をするといいでしょう。

◇記者会見の準備チェックリスト

- □ 何のために会見をするか目的は明確か
- □ 自治体広報課に支援を要請したか
- □ 場所は体育館を避けているか
- □ 会場の出入り口は二つあるか
- □ カメラが後ろに回り込まないようにしたか
- □ 司会はいるか
- □ 記録用カメラは準備したか
- □ メモ担当者はいるか
- □ サポートスタッフは決めたか
- □ 説明資料はあるか
- □ 基本的な数字は用意したか
- □ 想定問答集は作成したか
- □ 絶対言わないことは明確にしたか
- □ 服装はその場にふさわしいか
- □ スポークスパーソンは多過ぎないか
- □ リハーサルはしたか

第4章　あの事件・事故の教訓

滝川市立小学校　いじめ自殺事件

7通の遺書が残された教室

本章では過去の事件・事故をふり返ることで教訓とします。学校はどこで判断を誤ったかを語り継ぎ学ぶことが、同じような悲劇のくり返しを防ぐと信じています。

2007年の地方教育行政法改正により、教育委員への保護者の選任が義務化されました。この前年にあたる2006年に発覚した事件が、北海道滝川市立小学校における6年生女児のいじめを苦にした自殺事件です。学校の対応に多くの問題があり、全国報道され批判が殺到しました。法改正には、この事件が大きく影響したといえるでしょう。

ふり返りにあたっては文部科学省「北海道滝川市における小6女子児童の自殺事件の経緯」（2006年）や当時の報道を参考にします。

2005年9月9日、女児は教室で首つり自殺を図りました。教壇には7通の遺書が置かれており、4通は「おかあさんへ」「おじちゃんへ」「学校のみなさんへ」「6年生のみなさんへ」宛てられ、残り3通は個別の児童宛てでした。このとき一命をとりとめたものの女児の意識が回復することはなく、翌年1月6日、無情にも命は失われてしまいました。

滝川市教育長は、9月12日の定例市議会の事故報告のなかで、当該校長が6年生全員に調査用紙を配付し個別の聞きとりを行なっていることを説明。27日には市議会文教常任委員会と記者会見で「いじめがあったとは考えていない」「原因を特定できる段階ではない」と説明。10月12日・17日、女児の親戚から遺書内容をもとに「いじめがあったことを認めてほしい」との申し入れが学校へありましたが、校長先生は「調査中」と回答。11月22日の記者会見で教育委員会は「調査の結果、事故の直接的な原因とする事実は得られていない」と公表。そして、女児死亡後の1月10日に記者会見を開きましたが、遺書に書かれていたのは、友だちが少なかったこと、先生方へ迷惑をかけてごめんなさい、といった内容で自殺の原因に直接結びつくいじめはなかったと結論づけました。

ところが、9月に遺族が報道機関へ遺書を公開し、10月1日に遺書の内容が全国的に報道されると状況は一変。遺書は「みんなは私のことがきらいでしたか?」「きもちわるかったですか」「私はこの学校と生徒のことがとてもいやになりました」と明らかにいじめを苦にしていたことがわかる内容でした。10月2日、ふたたび教育委員会が記者会見を開き経過を説明しましたが、またも「原因を見出すことができない」とコメントし全国から批判が殺到。5日、教育委員会では一連の対応に関して「事実の把握に重点を置き過ぎ、子どもの気持ちに立って考えるという基本的配慮に欠けたものである」との指摘がなされ、遺書を踏まえていじめであると判断し、記者会見を開きました。校長先生、教育長、市長が遺族を訪問して謝罪し、その様子はテレビで放映されました。

3回とも向き合えなかった

本件を通して、何がいけなかったのか、どうすべきだったのかを考えてみましょう。一つ目の失敗は、学校として自殺という最悪の事態を想像し避けるためのリスクマネジメントができていなかったことです。児童・生徒にとって毎日の生活のほとんどすべてである学校生活においては、大人の目から見て大したことがなくとも本人からするとつらいことがあります。

それは死を考えてしまうほど子どもを追いつめているかもしれません。そしてときに子どもは衝動的な行動を起こしてしまいます。子どもと日々向き合っていれば自然に感じとれるはずです。私自身、二人の娘を育てるなかで、小さなことにくよくよして悪いほうへと自分を追い込んでしまう姿を何度も目のあたりにしました。感情のコントロールが大人ほどうまくないのでエスカレートするのです。追い込まれた子どもは衝動的に死に走ってしまうというリスクを、私は常に感じていました。児童・生徒との接触が多い教職員は、そのようなリスク感性が育ってしかるべきではないでしょうか。

二つ目の失敗は、遺書に込められた女児の思いを受けとめなかったことです。遺書があるにもかかわらず、なぜ、女児の気持ちに立てないのか。私が講師を務めた校長研修では「学校の責任を認めるわけにはいかない」「学校への信頼が失墜する」といった言葉を何度か耳にしてきました。

人間は自己防衛本能がありますからマネジメントという発想を持たないと保身に走ってしまいます。もっとも、学校にマネジメントという考え方が導入された歴史は浅いようなので無理からぬことかもしれません。しかし、これからの時代、管理職に必要なのは責任を受けとめる覚悟を持つというマネジメントの発想です。

三つ目の失敗は、対応のスピードの遅さです。遺族への謝罪は、事件から1年以上経ってからでした。計5回開催した記者会見のうち4回はいじめとの因果関係を否定し、全国から批判殺到後の5回目でようやく認めて謝罪とは、あまりに遅いと言わざるを得ません。

いじめ判断の遅れ、調査や遺族対応の不手際、一連の批判などで教育行政の信頼を落としたとして、滝川市長は減給、教育長は辞職のうえ退職金700万円の返納、校長先生ならびに教育委員会幹部2名は懲戒処分となりました。札幌法務局も調査に乗り出し人権侵害事件として認定しました。

この事件で私が最も衝撃を受けたのは「教室」での自殺という点です。自宅ではなく教室という場所を選んだことに、女児の学校に対する無念な気持ちが表れているように感じるからです。病院で意識不明となっていた2005年9月9日から2006年1月6日まで、この子の魂はどこをさまよっていたのか。その間大人たちが女児の気持ちに向き合っていたなら死亡にいたらなかったのではないかとさえ思えてきます。

滝川市立小学校いじめ自殺事件は、大津（滋賀県）のいじめ自殺事件から4年も前に起きていた事件です。私たちは失敗からまったく学んでいない、という現実がここにあります。

石巻市立小学校　津波死亡事故

津波により74名の児童が命を落としてしまった宮城県石巻市立小学校の悲劇から考えます。参考としたのは各報道や事故検証委員会の報告書です。

なぜ、裏山に逃げなかったのか

２０１１年3月11日14時46分、未曾有《みぞう》の大地震が発生。そのとき石巻市立小学校の教職員は、全児童を校庭に避難させ、集まった地域住民の対応をしながらラジオで情報収集をしました。ラジオ放送された予想津波高は6メートルで、52分には校庭の防災行政無線から大津波警報の発令。市広報車は、遅くとも15時半には学校前をとおり、津波到来と高台への避難を拡声器で呼びかけました。15時前、教務主任が徒歩で2分程度かかる裏山への避難を提案していました。

しかし学校は、倒木などの土砂災害の恐れがあること、100名近い人数が避難できる平地がないこと、避難路がなく登れない人もいることなどから、裏山ではなく遠方の堤防付近、標高約7メートルの高台を避難場所に決めました。15時33分に移動を開始したものの、その直後の37分ごろ、8メートル超の大津波に飲み込まれ、74名の児童と10名の教職員が亡くなりました。助かったのは裏山への避難を提案した教務主任1名と児童4名のみです。

津波の7分前には予見できた

東日本大震災ではたくさんの命が奪われましたが、学校管理下でこれだけ多くの児童が犠牲になったことへの哀しみの声はやまず、報道もくり返されました。当日、校長先生は不在（年次有給休暇）でしたが、すぐに遺族への訪問をしなかったこと、行方不明者の捜索に加わらなかったこと、震災に関する記録物を破棄したことなど、事故後の対応の悪さにも注目が集まりました。

児童23名の19遺族は宮城県と石巻市に約23億円の損害賠償を求める裁判を起こしました。訴訟に踏みきった背景には、保護者への説明が二転三転したことや、不十分な事故検証などの学校や行政の対応に不信感があったからです。遺族は「防災無線や市の広報車で津波は予見できた。裏山に避難すれば全員が助かった」と訴え、一方、県市は「当時の情報では津波は予見できなかった」と主張。裁判の主な争点は、津波の到達を予見できたか（予見可能性）、津波の被害を回避し児童を救える可能性があったか（結果回避義務違反）の2点に絞られました。

市のハザードマップでは小学校は海岸から4キロ離れており津波は来ない場所と予測されていましたが、1審判決は市広報車の避難呼びかけで津波襲来の7分前までには学校側が予見できたと判断。また、避難場所としての裏山には具体的支障がないとしたのです。裁判所が指定避難場所である学校から避難するうえで学校側の過失を認めたのは初でした。

そして2019年10月、学校や行政の「事前防災対策」の不備も認める2審判決が確定。学校側には、児童・生徒の安全確保義務があるとしたうえで、専門家が示すデータも独自に検討しなければならないこと、学校の立地を考慮すれば津波の危険性を予見できたこと、避難場所や経路を危機管理マニュアルに記載せず市教委も是正指導を怠ったことなどが指摘されました。県市は高裁判決を不服とし最高裁へ上告していましたが、上告を退ける決定がなされたのです。この判決は今後、全国の学校にも影響を与えると考えられます。

避難訓練をしていなかった

石巻市立小学校の惨事が報道で流れるたびに「なぜ、裏山へ避難しなかったのだろうか」と疑問が募るばかりでした。現場にも足を運びました。想像よりも学校と川の距離が近く大きな川で、学校から車で走るとすぐに海が見えます。校舎の間近に裏山があり児童も登ることができます。ますます学校の判断がわからなくなりました。

◇石巻市立小学校の裏山（2014年10月筆者撮影）

慰霊碑《いれいひ》に刻まれた名前には同じ苗字で年齢差のある方々がいます。その場所に立ち被災当時の映像を思い浮かべました。

校庭には、児童と（避難してきた）その子たちのおじいちゃん、おばあちゃん。裏山への避難案に対して「滑って登れないのでは」「崖崩れはない？」「子どもは登れるけど、年寄りには無理だ」「子どもだけ登らせたらどうか」という、やりとり。続く会話は「おばあちゃんを置いて行くのはイヤだ」「バラバラに急いで登っても集合できない」「みんなで移動できる場所にしよう」「堤防に近づくなと言っていたが」「念のためだろう」「6メートルの津波というが、あの堤防ならギリギリ大丈夫じゃないか」。

このような会話のなかで学校は避難先を堤防に決め

たのかもしれないと想像しました。

最終意思決定にかかわった教職員が亡くなっているため正確な情報はありません。ただ、事故検証委員会の最終報告書によれば「早い段階に一度危険であると却下した裏山を避難先として選択することに心理的抵抗」や「いわゆる『正常性バイアス』により明確な根拠に基づかない楽観的思考をするようになった」可能性が指摘されています。「正常性バイアス」とは、異常事態が発生したときに心を平静に保とうと、都合の悪い情報を無視したり、過小評価したりしてしまう人間の心理特性です。危機的状況にあるときは、この気持ちをふり払い「危機を危機として認識して行動、表現すること」が最も大切です。

石巻市立小学校では、「地震発生時の危機管理マニュアル」を2010年度に見直し津波対策を追加しましたが、津波を想定した避難訓練や児童引き渡し訓練は一度も行なわれていません。これでは被災時の判断も行動もできないでしょう。

自分で自分の命を守る知識と行動力は「生きる力」の根源。教職員自らが身につけてこそ、子どもたちに伝えられます。

被災による悲劇を二度と繰り返さないために、永遠に語り継がなければなりません。

調布市立小学校　食物アレルギー死亡事故

事実関係が不明でも対応は求められる

東京都調布市立小学校における食物アレルギーによる児童死亡事故から、危機発生時の判断力、行動力、平時の事件・事故情報共有の重要性について考えます。

「え、アレルギーで救急車？　命にかかわる事態？」「アナフィラキシーショック？」。2012年12月20日午後、教育長からかかってきた電話に茫然《ぼうぜん》とした記憶はいまでも忘れられません。私が調布市の教育委員になって、半年後の出来事でした。ぜん息と重度の食物アレルギーを抱えていた小学5年生の女児は、給食を食べてアナフィラキシーショックを起こし病院に搬送されましたが、小さな命は失われてしまいました。

当日の教育委員会事務局は状況把握のための情報収集と翌日の給食対応での注意喚起に追われていました。地域住民の通報が発端となり、事務局には、テレビ局から事実確認の問い合わせ、文科省から報道機関への対応方針に関する問い合わせが入りました。駆けつけた私は、これから記者が殺到する状態になることを説明し、市の広報課との情報共有と支援依頼、第一報のメッセージや想定問答集の作成を助言しました。

翌昼、ＮＨＫで第一報が流れた直後、相次ぐ報道機関からの問い合わせ。情報がまとまらず、記者会見の引き伸ばしをいったんは試みたものの、広報課と記者クラブとの攻防の末、夜７時に教育会館で記者会見を開くことになりました。担任も校長先生もショックを受けて事実が十分把握しきれていない状態での緊急会見。躊躇はありましたが、哀悼《あいとう》の意を表すこと、経緯と原因を究明する姿勢を見せること、調査結果を公表することを３本柱にした誠意あるメッセージを打ち出す方針としました。

わずか14分間の出来事

事故検証委員会が2013年3月に報告した書類から、事故当日の状況をふり返ります。

女児がおかわりをした12時50分。食物アレルギーを認識していた担任は「大丈夫か」と本人に尋ねたところ、女児は持参した給食メニュー表を見せて「（今日はマーカーがついていないから）大丈夫」と返事。担任は、自分の除去食一覧表を確認せずに、おかわりをさせました。13時22分、女児が「気持ち悪い」と訴えたので担任はアナフィラキシーショックを疑い、24分に女児のランドセルからエピペンをとり出し「これを打つのか」と聞くと、女児は「違う、打たないで」と拒否。養護教諭が駆けつけた31分、担任は救急車を呼びに行き、その足で栄養士におかわりさせてよかったかどうかを確認しました。

対応に問題があったことを認識し母親に電話相談すると、すぐにエピペンを打つように要求され急いで女児のもとに戻りました。この間、養護教諭が女児を介抱。

女児が「トイレに行きたい」と言ったため、養護教諭がおんぶで移動したところ急激に状態が悪化しＡＥＤの準備を叫びました。13時36分、校長先生が駆けつけたタイミングでエピペンを打ちました。ＡＥＤも試みましたが心肺停止に。女児が気持ち悪いと訴えてから、わずか14分間の出来事でした。

日常的に事件・事故情報を共有する

事故検証委員会は事故要因を、①調理員が児童にどれが除去食か明確に伝えていなかった、②担任がおかわりの際に除去食一覧表を確認しなかった、③保護者が児童に渡したメニューに除去食を示すマーカーをしていなかった、④担任がエピペンを打たずに初期対応を誤った、⑤養護教諭がエピペンを打たずに初期対応を誤った、とまとめました。

何度省みても悔やまれるのは担任がエピペン注射をためらったことです。けれども、これは誰もが陥る可能性のある判断ミスではないでしょうか。女児が何の疑問を持たずにおかわりをし、ぜん息からくる呼吸困難だと思い込んで注射を強く拒否したことを、そのまま担任が受け入れてしまった。どんなに食物アレルギーの事前回避努力をしても、残念ながら子どもの誤食は起きます。既往症がなくても突然アレルギー反応を示すこともありますから直後の対応が重要になるわけです。

しかし、子どもの気持ちに寄り添うことを求められる学校で、本人が望まないことを思い切ってできる先生方はどれだけいるでしょうか。命を救うためには、子どもが嫌がっても、子どもから嫌われても、確信を持って行動できる日常的な訓練が必要なのです。

事故以降、調布市では教職員だけでなく保護者も参加できるエピペン講習会を定期的に実施しています。私も参加しましたが、ロールプレイ形式で嫌がる子どもに優しく声をかけながらエピペンを打つ訓練もしました。再発防止のために、食物アレルギー対応調理場の設置、児童・生徒への給食受け渡しと食物アレルギー確認の仕組みづくり、全国に向けて事故の教訓を伝える活動などの取り組みもしています。多くの場合、自分たちの失敗を語ることには消極的になりがちですが過去から逃げない姿勢こそが最も大切です。

私自身の反省点は食物アレルギーは命にかかわるといった知識を持ち合わせていなかったことです。知識がなければ教育委員としてのチェック機能を果たせません。また、後日判明したことですが、実は当該事故以前より誤食事故はあったのです。しかし、学校給食を担当する課で事故情報が止まっていたことが調査でわかりました。命に別状がないので報告の必要なし、と自己判断していたらしく、その情報が教育長や教育委員に共有されていなかったのです。

小さな事件・事故情報から現在のリスク、将来のリスクを予測して対策を立てることの重要性を痛いほど思い知らされた、悲しい事故でした。

◇調布市食物アレルギー事故再発防止検討結果報告書完成にあたって女児両親からのメッセージ

報告書の完成にあたって

先頃、娘の新盆を迎えました。

送り火に乗って娘の精霊がまた天に戻って行くのを感じ、耐え難い寂しさをひしひしと感じるとともに、失われた命に対する悲しみを新たにする日々です。

お盆に戻ってきた娘に会いに、クラスメートたちが自宅に訪れてくれました。

ひとしきり思い出話をした後、ひとりの女の子が、娘の死因となった「おかわり」の理由について教えてくれました。

とりわけおいしくないと子どもたちに不人気だったその日の献立に、おかわりを勧める呼びかけに手を挙げる子はほとんどなかった中、滅多におかわりを希望しない娘が進んで手を上げたのだそうです。

給食後、不思議に思ったその女の子が、「どうしておかわりをしたの？」と尋ねると、娘は「給食の完食記録に貢献したかったから」と答えたそうです。

女の子は、泣きながらそう私たちに教えてくれました。

クラスでは、給食の残菜をゼロにする「給食完食」を日々の目標にしていました。みんなと同じ物が食べられない日も多い中、何かできることがあれば周囲の役に立ちたい――家族が常日頃目にしていた、娘の物事すべてに対する前向きな姿勢、いつも誰かの役に立つ人でいたいという思いが、このような結果を引き起こす事になろうとは。

残念でなりませんが、今は娘の強い遺志がこの報告書に反映されていると信じたく思います。今後はこれが関係各位によって十分認識され、万全に現場の施策に活かされ、さらに継続して改善されて行くであろうことを、引き続き娘と共に見守りたいと考えます。

委員の方々には、ご努力に対し御礼を申し上げます。

2013年7月23日

両親より

某市　LGBT中学生自殺事件

やるべきことの判断ができない

ＬＧＢＴを苦に自殺した中学生の事例です。これは公表されていませんが、私がかかわった事案です。いじめや自殺の原因には、性やＬＧＢＴ、障害、家庭などの問題が複雑に絡んでいることがあります。

ある都市で13歳の少年が駅のホームから飛び降り自殺をしました。翌朝9時、私は少年の在籍校に急行。事件に衝撃を受けた教職員は口々に「まさか自殺するとは」「もしかして、いじめが原因？」「ほかに何が考えられるか」「メモに友だちの名前が書かれていたとなると、やはりいじめか」と、動揺するばかりで次の行動が決まりません。

「これから事実を把握、整理しなければなりませんが、警察から事件の第一報が流れ、すでに朝刊にはベタ記事が掲載されています。いつ問い合わせが殺到してもおかしくないので先に対応方針を決めておきましょう」と提案。選択肢として「個別対応」「記者会見」「文書のみ配付」のメリット、デメリットを解説している最中、「大手新聞社が玄関に来ている」と事務室から連絡が入りました。

回答は「午後6時に、学校として何らかのコメントを出す」に決定。関係者や記者が押しよせると緊張感が高まりますが、ひとまず学校としての正式な見解を発表する時間を伝えました。詳細な対応方針を討議する時間の確保ができますし、見通しを立てやすくなるからです。

二人一組で情報収集する

次の1時間で、自殺した生徒の遺族、友人とその保護者、ほかの生徒と保護者（学級・学年・全校）、教職員、カウンセラー、警察、報道機関など、あらゆるステークホルダーを洗い出したうえで、それぞれに対して次の集合時間までに学校側がやるべきことを書き出しました。生徒が親しくしていた友人とその保護者へのヒヤリングを最優先とし、教職員が二人一組で対応。聞きとり時にはメモだけでなくICレコーダーで録音するルールもとり決めました。緊急時には動揺しているため、平時以上に勘違いしたり、言ったことさえ忘れたりしてしまうことがあるからです。

午前中に情報共有した内容は次のとおりです。

●担任と校長、副校長先生はいじめがあることを把握し情報共有していた
●1ヵ月以上前に、生徒の母親から「いじめを受けているようだから対応してほしい」との依頼を受け、ときどき本人に声かけをして話を聞くなどしていた
●いじめは仲の良い友だちとの間に起きていたが、「平気だから相手には言わないでほしい」との本人の気持ちを尊重し、相手の友人たちにいじめの事実を確認しなかった
●クラスや学年会で一般論的な倫理教育を行なっていた
●カウンセラーとは連携していなかった

夕方に集まった際、先生方は意外な情報を知ることになりました。生徒たちへの聞きとりやネットへの書き込みから、自殺生徒は心の性と体の性が一致しない「性同一性障害」で悩んでいたのです。そのことで数ヵ月前からからかわれており、命を絶った当日の朝も同様でした。先生方にとって、この事実は思いもかけないことであり、学校の対応はまったくズレていたことを思い知ったのです。

どこで学校は対応を誤ったのでしょうか。客観的視点から見ると、なぜ、いじめているほうに話を聞かなかったのか、といった疑問が真っ先に湧いてきます。少年の気持ちに寄り添うことを優先すれば乗り越えていける。こうした教育者としての経験が重要な判断を鈍らせてしまったのかもしれません。

学校としての反省点に向き合う

総括すると、本件の根本的な原因は、いじめというより背後に隠れた少年の性同一性障害という悩みでした。この事実を学校が正確に把握していれば、適切な対応により自殺という最悪の結末を避けることができたはずです。十把《じっぱ》一絡《ひとから》げにいじめ防止対策を講じたところで、一人ひとりの子どもの本当の悩みに気づかない限り問題は解決しないのではないでしょうか。

被害生徒だけでなく友人にも話を聞くこと、教職員だけでなくカウンセラーなどの専門家とも連携すること。この二つを実行しなかった点がクライシスコミュニケーションとしての初動の失敗です。

午後６時には、学校の見解書としてポジションペーパーを関係者やマスコミに出すことになりましたが、自殺生徒がＬＧＢＴ当事者であったというプライバシーをそのまま書くことはできません。いじめの背後に本人が知られたくない秘密をめぐってトラブルが生じていたこと、学校はいじめを把握、対応していたが生徒の心の奥底にある真の悩みを理解していなかったこと、そのための本人以外へのヒヤリングや専門家との連携をしていなかったこと。説明できない問題に対して断定的表現を使わず、主に学校としての反省点を強調する内容としました。これで引き下がるような報道陣ではありませんが、事前にメディアトレーニングを行なうことで厳しい質問や誘導に慣れていただき本番も何とか持ちこたえることができました。

保護者会はカウンセラー同席のもとで行ないました。全校生徒のケア、家庭へのお願い事項、どう収束していくか。ベテラン臨床心理士による専門的観点からの説明で落ち着いた雰囲気をつくり出すことができました。

ＬＧＢＴの話は結局しませんでした。しかし、11人に一人が性的マイノリティという調査結果（電通ダイバーシティ・ラボ「電通ＬＧＢＴ調査２０１８」）を踏まえると、けっして他人事ではない知識として情報提供することが学校としての責任だったかもしれません。

第5章

【対談】外から見た学校ＣＣ

体罰と学校CC
——弁護士・森崎秀昭氏に聞く

【経歴】もりさき・ひであき
C-ens法律事務所弁護士。企業、社団法人や財団法人などの各種法人、各種学校などにおいて、さまざまな問題の本質的な解決を目指したリーガルサービス、コンサルティングサービスを提供している。学校の体罰問題に関してだけでなく、独立行政法人日本スポーツ振興センターをはじめとする各種スポーツ協会においてもコンプライアンス、ガバナンスなどの研修講師を務める。

対談概要

2013年、文科省による全国的な体罰の実態調査がはじまり、その結果は学校名も含めて公表されました。前年12月、大阪市立の高校2年生のバスケ部主将が顧問からの体罰を苦に自殺した事件が影響しているといえます。法的観点と説明責任から考える学校の体罰問題について、学生時代ご自身もバスケ部に所属し、現在もスポーツ関連の仕事をなさっている弁護士の森崎秀昭さんにお話をうかがいました。（私学マネジメント協会『FORWARD』2014年5月号・7月号から、一部加筆・修正して転載）

年齢や心身の発達状況によって懲戒の程度を考える

石川　２０１３年は体罰について考える機会が多くありました。いろいろな方と議論をするなかで感じたことは、人によって体罰のとらえ方が異なるということです。そこで最初に、法的定義について解説をお願いしたいと思います。

森崎　学校教育法11条で体罰のとらえ方に対する定義がなされています。「校長及び教員は、教育上必要があると認めるときは、文部科学大臣の定めるところにより、児童、生徒及び学生に懲戒を加えることができる。ただし、体罰を加えることはできない」。すなわち、懲戒は許されるが体罰は許されない、ということです。懲戒が体罰にあたるかどうかは、児童・生徒の年齢、健康、心身の発達状況、場所や時間など、総合的に考え判断すべきとされています。

石川　殴る、蹴るといった身体的接触があるのが体罰と考えていいのでしょうか。

森崎　そうです。内容が身体的性質のもの、つまり、殴る、蹴る、といった身体に対する侵害を内容とする懲戒、正座や直立などの特定の姿勢を長時間にわたって保持させるといった肉体的苦痛を与えるような懲戒は体罰になります。もっとも、すべての物理的懲戒が体罰にあたるわけではない、と文部科学省の「学校教育法第11条に規定する児童生徒の懲戒・体罰に対する考え方」（２００７年）には記載されています。

石川　すべての物理的懲戒が体罰にあたるわけではない、というのは個別に判断するということですか。体罰と懲戒の違いについて、もう少し説明をお願いします。

森崎　体罰とは行き過ぎた懲戒のことです。「学校教育法第11条に規定する児童生徒の懲戒・体罰等に関する参考事例」（文部科学省、２０１３年）には、具体例も示されています。放課後に教室に残留させることは体罰にはあたりませんが、用を足すために室外に出ることを許さない、または食事時間を過ぎても長くとめ置くなどの肉体的苦痛を与えた場合には体罰になります。このほか、教室内に起立させる、当番活動を多く割りあてる、立ち歩きの多い児童・生徒を叱って席につかせる、といったことは体罰にはあたりません。

石川　スポーツ指導における体罰と懲戒で、何か事例はありますか。

森崎　高校の体育教師が授業で、懲戒を目的として女子生徒に3メートルの高さで懸垂運動を課したところ、その生徒が降りる際に転倒し、加療（病気やケガの治療）10ヵ月となりました。この事件では、懲戒行為であると体育の指導であるとを問わず、教師が生徒に一定の行為を命ずるにあたっては生徒の安全に十分配慮する義務があるとの判決がくだり、過失傷害罪とされました。

石川　大阪市立の高校バスケットボール部の事件に関して、あれは体罰として報じられていますが「行き過ぎた懲戒」になるのでしょうか。

森崎　バスケ部主将に問題行動はなかったので、そもそも懲戒の必要性はなかったといえます。したがって、「行き過ぎた懲戒」というよりは、ただの「いじめ」や「見せしめ」といった部類のものであったといえるでしょう。

石川　体罰に話を戻します。教育活動上、教職員が児童・生徒にケガをさせたら絶対に体罰になるといえますか。

森崎　それは状況によります。いじめを止めようとした際に転ばせてケガをさせてしまった場合は体罰とはいえないでしょう。

体罰は法的には傷害罪、暴行罪になる

石川　森崎さんもバスケ部だったそうですね。森崎さんご自身は、高校で体罰を受けたことはありますか。

森崎　高校の部活のなかではありませんでした。顧問がやらない、と決めていたので。ただ、部活以外の場ではありました。教師から平手打ちや頭にこぶしをゴリゴリされることは、よくありました。寝ているところを蹴られたこともありますが、そうされる理由はあったので、されても仕方ない、と納得していました。身体が大きくメンタルも強かったので、受けとめることができていた、ともいえます。

石川　お話をうかがっていると、保護者から体罰ではないか、と学校に訴えがあった際には、どのような状況のなか、どう行なわれたのかを確認する。場合によっては再現することで事実を把握することがポイントだと感じます。私の経験値から申しあげると、学校側の調査が、指導した先生やコーチに聞くだけだったり、複数名の証言をつかんでいながら勝利至上主義の部活で言えなかったり、あるいは説明が要領を得なかったりするために保護者が納得せず、最終的には提訴されてしまうのではないかと思います。

森崎　言葉がもたらすイメージもあるかもしれません。法的用語に言い換えるとより実感が湧きます。万引きと言うと軽く感じますが、刑法上は「窃盗罪」です。それと同様に体罰については、刑法上は「傷害罪」「暴行罪」「業務上過失傷害罪」などになりますので罰金の伴った罪であると認識する必要があると思います。また、民法上は不法行為として被害者に対して「損害賠償責任」を負いうることになります。指導における不法行為とは、児童・生徒の安全に十分に配慮する義務に違反し、わざと、または間違ってケガなどを負わせることです。

石川　おっしゃるとおりです。体罰を想定した（元記者による）模擬記者会見を実施すると、記者側は「どこを何回殴ったのか、こぶしなのか平手なのか」詳しく聞いた後、「それは体罰ではなく単なる暴力じゃないか、そんな暴力教師を放置していたのか」と詰めよります。そこで学校側は「暴力」という言葉にハッとするのです。教育現場で使われる言葉がわかりにくさにつながっているのかもしれません。体罰とは何か、本人のイメージではなく明確なシーンを見せる必要があると思っていました。2013年9月、ようやく東京都教育委員会は、具体例を明示したガイドラインを策定し、翌年には映像資料（DVD）の作成と学校配付もはじめました。体罰の定義を映像で明確にすることは予防への第一歩になるでしょう。

スポーツ指導にも専門教育が必要

石川　森崎さんは部活における体罰について学校の先生方に講義をする機会があると思いますが、そのときの先生方の反応はいかがでしょうか。

森崎　年齢で受けとめ方が異なります。20代から40代は真剣に聞きますし「そうだ」とうなずきますが、年配者には受け入れがたい様子が見られます。厳しく接するのは正しい、と思い込んでいるのかもしれません。体罰を受けて強くなったんだという自分たちの経験が染みついているからでしょう。しかし、いまは育てられ方が昔と違います。指導を受ける児童・生徒や保護者、社会の見方も変化してきています。学校という閉じた空間にだけ長年いてしまうと俯瞰《ふかん》できる視点が養われない可能性があると思います。

石川　社会の流れや変化を察知しにくい、ということでしょう。私は人々への説明責任を専門としていますが、年々ハードルは高くなってきています。たとえば、昔は「自殺の原因は不明」といった説明でも通っていましたが、いまの人々には受け入れられません。体罰に関しても、スポーツの指導では多少はあるだろう、では通用しなくなっています。他方、スポーツのプロではない先生が顧問をしているがゆえに自分の経験則に頼ってしまい、最新の指導技術を提供できていないことも課題だと思います。強いチームをつくるために、本当に体罰は必要なのでしょうか。スポーツ界では、ＩＴを駆使したり、科学的根拠をもとにした訓練がなされてきていると報道されていますが。

森崎　指導技術に関しては競技のなかではサッカーが一番進んでいると思います。日本サッカー協会では年齢別に指導者ライセンスを出しています。キッズリーダーは10歳以下の選手、子どもたちを指導でき、C・D級コーチは12歳以下の選手、子どもたちを指導できる資格です。最上位のS級コーチになると、プロチームを指導できるようになります。バスケ協会もこれを参考に指導者養成プログラムを進めています。一方で、なかなか近代化が進まない競技もあります。柔道連盟の方と話をする機会がありましたが「柔道はスポーツではない。柔道は神の道である。道だから口を出すな」といった考え方でした。相撲は日本古来の神事だからスポーツではない、といった考え方もあります。

石川　バスケ協会で進めている指導者養成とはどのようなものでしょうか。

森崎　人を導くというのは本人に考えさせることだと思います。「シュートを決めたいか」「もっと決めるには、どうしたらいいと思うか」「今は何本練習しているか、その本数でいいと思うか」「じゃあ本数を増やそう、何本増やしたらいいか」「よし、やってみよう」。この会話は1分だけですが、体罰よりもずっと前向きになれます。

こうした考え方ができるようになるプログラムです。

石川　元マラソン選手の瀬古利彦氏は、指導者としての心がけについて四つ述べています。①信頼関係を築く、②情熱を持って根気強く信念を伝える、③科学的根拠に基づいて指導を行なう、④専門的な指導力。①と②は先生方にも可能ですが③と④はそのスポーツ専門の知識がないとむずかしいといえます。そうなると、まずは部活を学校のなかでどう位置づけるのか、を明確にする必要があります。また、先生方の負担軽減のために、さまざまな協会から指導者を派遣してもらうかたちがあってもいいと思います。

森崎　瀬古さんの言うとおりにやれれば、どんどん成果が出るだろうと思います。最高レベルに達した人にしかわからない世界がありますし、そうした人たちは後輩に伝えたい気持ちが強いです。学校は各スポーツ協会に指導者派遣を相談したらいいと思います。外部コーチが部活で生徒を指導し顧問に報告をする、といった連携も可能ではないでしょうか。先生方も練習メニューを考えるという負担は確実に減りますし、接触する人が学校の外に広がることにもなります。部活は成果を出すために行き過ぎた指導が起きてしまうリスクはありますが、適切な体制のもとスポーツに力を入れることは学校の評判にもつながると思います。

石川　私もそれは同感で、一度、娘の通う中学校に外部コーチの活用を提案したことがありますが、コーチが顧問の先生を見下してしまう事態になってしまったとのことでした。地域住民や保護者にコーチを個人的にお願いするからだと思います。スポーツ協会からの派遣であれば、担当者を替えてもらうことができますから、リスクマネジメントの観点からも合理的です。スポーツ協会と連携したいときには、どうしたらいいのでしょうか。敷居が高く感じられますが。

森崎　スポーツ協会を大きくイメージするかもしれませんが、それほど大所帯ではなく、こぢんまりしたところが多いので気軽に相談してほしいです。とくに協会で指導者ライセンスを出している場合、質は担保できるといえます。

「ターンアラウンド」で組織改革を成功させる

石川　体罰のない学校経営を目指していても起きてしまうことはあると思います。その際に、学校側はどう行動したらいいでしょうか。私は、まずは事実関係の調査が重要だと考えますが、学校に限らず調査がずさんであると感じます。調査のメンバーや体制については、記者からお決まりの質問となっていますが、内部関係者の調査だけで済むと思っている経営者は多いです。最近は、第三者を調査委員に加えるかたちがようやく増えてきました。

森崎　調査能力の低さは確かに問題です。調査の手法を知らない、といったことは確かでしょう。不正調査は一般的な企業もできていません。すぐに本人に聞いてしまいますが、それは違います。大阪市立の高校も調査の仕方が悪かった。本人に聞くのは最後で、最初は体罰を受けた生徒の家庭から話を聞きます。それから生徒を集めて「友だちが叩かれているのを見たことある?」「あなたのことじゃないよ」と周囲の証言を固める作業をします。

石川　調査の結果、体罰を認めざるを得ない状況になったとき、学校はどうするか。東京都の公立学校の場合、すでに学校名が公表されるようになりましたが、それは学校が自主的に発表するのではなく東京都の教育委員会が発表するかたちです。では、私立学校は何をよりどころに体罰問題への対応方針を判断したらいいと思いますか。

森崎　私立の場合には、公立と違って建学理念がありますので、そこに立ち返ることではないでしょうか。たとえば、立教大学はキリスト教に基づく教育を理念として掲げています。問題が発生した際には、その理念のもとに判断すれば自ずと答えは見えてくるはずです。

石川　立ち戻る場所がわかっていても実際に行動できないことは多々あります。体罰をしている先生に生活指導などの解決能力がある、といったときには口が出せない雰囲気ができているのだろうと思います。どうしたら学校として判断したことを行動につなげられるでしょうか。

森崎　企業の「ターンアラウンド」という手法が参考になるのではないでしょうか。事業の方向転換や改革のことで、そのために外部の専門家を招いて実行します。内部の力だけでは改革はできないという理由もありますが「ターンアラウンドの専門家を引っぱってきたのだから、もうやるしかないじゃないか」といった状況を自らつくり出す意味もあります。学校も同じではないでしょうか。

対談を終えて

この対談後に、体罰をした先生、訴えられた学校側のマスコミ対策を行なう機会がありました。あらゆるハラスメントと同じで、しているほうは「そんなつもりはなかった」と無自覚である一方、受けるほうは「とても苦痛だった」という主張でした。この感覚の違い、ギャップは埋めようがなく、完全な予防はむずかしいと感じました。だからこそ、「大したことではない」と考えるのではなく「大変なことだ」と受けとめて、起きてしまった問題が小さいうちに対応する必要があるのです。

いじめ、自殺と学校CC
——臨床心理士・藤森和美氏に聞く

【経歴】ふじもり・かずみ

武蔵野大学教授。博士（人間科学）。臨床心理士。事件・事故の被害者に対する心理的支援を実践しながら、心理支援の専門家養成にも力を入れている。また、被害者を取り巻くさまざまな関係組織のコラボレーションの必要性についても論じている。とくに子どもたちへの事件・事故被害後の緊急支援活動は、システムづくりからチームの育成まで積極的にかかわっている。

対談概要

依然として減ることのない、いじめ。その対応をめぐる問題も相次いでいます。いじめを発見した際に、学校はどう対応したらいいのか。そして、自殺という最悪の事態にいたってしまった場合、どうしたら関係者への精神的ダメージを最小限に抑えることができるのか。臨床心理士として学校の緊急支援に携わっている武蔵野大学教授の藤森和美さんにお話をうかがいました。（私学マネジメント協会『ＦＯＲＷＡＲＤ』２０１３年12月号、２０１４年2月号から、一部加筆・修正して転載）

最近のいじめはSNSを介して見えにくくなっている

石川　藤森さんは、児童・生徒の多くにトラウマ（心的外傷）が生じかねないような事件・事故が発生した場合に学校へ駆けつける「こころのレスキュー隊（クライシス《C》・レスポンス《R》・チーム《T》）」活動をされており、この分野では数多くの現場経験をなさっていると思います。そのなかで、最近のいじめ問題における学校の対応に、どのような課題があると感じていますか。

藤森　公立、私立を問わず共通して問題になってきているのは、ＳＮＳのなかでいじめが行なわれているため大人が気づきにくく深刻化しているということです。以前は目の前の相手に対してだったので夏休みに入ればいったん人間関係が切れてリセットできたわけですが、ネットだとそうはいきません。ＳＮＳという閉じられた空間で、親も教職員も関係の変化がつかめないまま2学期に入ってしまう。大人は追いつくのが精一杯という状況なので、間に合わない場合には自殺という最悪の結果になってしまいます。だから、2学期のはじめは自殺が多いのです。

石川　娘が中学1年生のときでしたが、2学期がスタートしてからある同級生がいじられはじめ、まずい雰囲気だと訴えてきました。そのお子さんの保護者に連絡したら「あざができて気になっていたけれど、子どもが大丈夫と言うので、学校には相談していない」とのことです。私は、すぐに学校に電話し、担任と副校長先生に緊急対応を求めました。その翌日、学校は、事実確認したうえで、両者の保護者立ち会いのもと、加害生徒が被害生徒に謝罪する場を設けました。非常に早い対応だったので最悪の事態を避けられたのだと思います。

子どもの「言わないで」に、ひるまない

藤森　いじめは発見したらすぐに行動すべきですが実際にはひるんでしまうことが多いです。いじめが深刻化したケースで保護者や教師の「あそこでひるまなければ」といった後悔の言葉をたびたび聞きます。子どもから「大丈夫だから」と言われると、大人は、乗り越えていけるだろう、成長を信じたい、しばらくは見守ろう、といった気持ちが湧いてきます。「言わないで」と言われれば、一瞬ひるんでしまいます。

しかし、もう問題が起きているのですから、やるべきことは見守りではなく、いじめをやめさせることです。

石川　おっしゃるとおり、ひるんでしまう気持ちはよくわかります。あるいは丁寧に慎重に対応しようとするのかもしれません。

藤森　子どもは「大丈夫」「言わないで」「自分で何とかするから」と、よく口にします。なぜ、そう言ってしまうかというと、自分がいじめの被害者であることを認めたくない。認めるのがつらい、認めるとみじめな気持ちになるからです。このような場合、子どもに対しては「声を出していいんだよ」「これ以上ひどくなるようにはしないから」と話してあげることです。子どもにとって、いじめを自分から訴えることはむずかしいことだと、私たち大人は理解しておく必要があります。

石川　先生方はどうしたらいいでしょうか。大学を卒業したばかりの先生もいますから、気づいて、判断して、行動する、といったことが即座にできない方もいると思います。

藤森　そういった教師が一人でいじめかどうかを判断するのはむずかしいと思います。必ず複数の目で見て対応するようにします。理想としては、学校に対応チームをつくっておいて、そこに相談できるような仕組みがあるといいです。いじめの芽に気づいたら、まずは誰かに相談する。担任一人で抱え込んだり、判断したりするのはいけないことだ、というルールをつくるのです。徹底させるためには教職員に対して黙っていた場合にはペナルティーを課す、と厳しくする措置も必要ではないでしょうか。

先生ならではの視点、授業態度や成績から観察してみる

石川　いじめ問題に取り組む際、表面的な部分だけを見ていても本当の解決にはいたらないと思います。背景に家庭問題が絡むことも多いと思いますが、教職員

という立場でどこまでできるのでしょうか。

藤森　成育歴のなかで何があったか、家族のなかで何が展開されているのか、を考えていかないと本質的な問題まで手が届きません。ただ、子どもには先生には知られたくない、といった感情もあります。学校のカウンセラーにも知られたくない、という場合もありますから、そのようなときには学校外のカウンセラーにつないでいかなければなりません。よくあるのが「あの子は明るくて、教師の言うこともよく聞いて協力的だ。見えない問題を抱えていたなんて信じられない」といった言葉です。しかし、手のかからない子どもに対しては、本当にそうなのか、といった視点を持つことも、ときには必要です。家庭内暴力で殺人事件があったときの話です。第一発見者の生徒について、事件の後も変化がなく普通だと先生はおっしゃるのですが、この場合、普通であることがおかしいと思いませんか。その生徒は家庭内暴力を受けていました。通常は、泣いたり、不安になったりするのに、本当の気持ちを押し殺していたのです。家庭がつらい場所だったため、学校では良い子を演じて先生に少しでも多くほめてもらいたかったのです。手のかからないことをよしとするのではなく、子どもが発達段階に応じた感情を持っているかどうかを観察してほしいと思います。

石川　昔は家庭訪問がありましたが、いまは減っているようです。私立の場合も家庭訪問はしづらいだろうと思いますから家庭環境を把握しにくいのではないでしょうか。子どもをよく観察することが気づくきっかけになりそうですが、学校ではどのような点に注目したらいいのでしょうか。

藤森　一つは、外見です。清潔ではない身なりでの登校が続いていればネグレクトを想像できます。もう一つは、先生ならではの視点から見えることです。たとえば、集中力が欠けている、成績が低迷している、となれば家庭で何か心配事があるかもしれません。あるいは、授業中よく寝ている、となれば不規則な生活を想像できます。保健室での状況も重要な情報源になるでしょう。また、成績が良くて手のかからない子、協力的な子については見過ごされがちですが、感情面をよく見て奥行きのある観察をしてほしいと思います。

組織的な対応体制を構築し、ケアプランを立てる

石川　最悪の事態、すなわち、いじめがきっかけとなって児童・生徒が自殺をしてしまった場合のことについて、うかがいます。子どもたちだけでなく教職員にも衝撃が走り頭が真っ白になってしまうと思います。心理的観点から学校は最初に何をすべきでしょうか。

藤森　私たちに依頼がある際は、子どもたちへのケアのため、といったことが多いのですが、学校として1番目にすべきことは「組織的なケアプラン」を立てることです。そして、2番目が教職員への心理教育、3番目が保護者への心理教育、最後に子どもたちへの個別のケアとなります。つまり、子どもたちへのケアをする前に三つのことをしなければならない、ということです。また、記録をとるこ

とはたいへん重要です。カーッとなってしまうと頭に入らないこともありますし必ず「言った、言わない」といった騒動になります。最近の保護者は訴訟も視野に入れていて、いざとなったら裁判で決着をつけたいと考えています。そのため学校とのやりとりはＩＣレコーダーで録音されていると思ったほうがいいでしょう。一方、学校は訴訟文化に慣れていないので記録する習慣があまりないのです。

石川　それは同感です。私は緊急マスコミ対応で支援に入ることも多いのですが、事実関係を把握する調査に入る前に、いつ来るかわからない報道機関への対応方針を立てます。関係者からのヒヤリングや個別の取材対応、記者会見はすべて記録をとることを伝え、ＩＣレコーダーやビデオカメラを準備してください、と申しあげるのですが、機器を買いに行くことが最初のアクションになることもあります。

では、心理的支援の最初のアクションとして「組織的なケアプラン」の立て方についていて、もう少し詳しく教えていただけますか。

藤森　ケアプランは2時間から3時間ごとの支援行動計画です。まずは校長先生にヒヤリングし学校がどこまで事実関係を把握しているか確認します。次に先生方にとって何が不安かを確認し、遺族や児童・生徒、保護者への対応をどうするのかを考えていきます。自殺の場合には、遺族の意向、とくに遺書があったかどうかは大きく影響します。その遺書を遺族がどのように受けとめ、何を学校に望むのか。学校は遺族の意向をどう受けとめるのか。子どもたちには伝えるのか、伝えないのか。伝えるとしたら、どのようにするのか。遺族から情報を出してほしいと依頼されれば情報収集して出さなければいけません。このようななか先生方も当事者になってしまうので普段仕切っているようなかたちでは動けないのです。また、マスコミ対応に慣れていない学校では校長先生が終日電話で取材対応をしてしまったことがあります。これでは、ほかのやるべきことがおろそかになってしまいます。

石川　マスコミ対応で支援に入る場合には個別の取材対応と記者会見の選択肢を

提示します。個別の取材対応は、時間がかかるわりには報道が各社バラバラになるため、結果として影響が長引くことを説明すると、皆さん記者会見を選びます。記者会見は2時間程度ですから体力的にも負担が少ないです。児童・生徒や保護者、教職員への取材攻勢を防ぐこともできます。学校に対して説明責任を求める声が高まってきているなかで、誰に、どこまで説明すべきだと考えますか。

藤森　重大事態が学校の管理内で起きたのか、管理外で起きたのかによって期待される説明責任は異なると思います。管理外であれば攻撃の的になることは少ないですが、いずれの場合であれ、学校はきちんと対応したのだと伝えることは必要です。一方、学校の管理内で起きた場合、遺族や被害者の保護者は学校に対して不満を感じ攻撃的になることがあります。自分たちのいたらなかった部分を責めるとつらくなるので学校を責めてしまうのです。親族や知人などの周囲の第三者から「訴訟したらいい」とアドバイスを受けることもあるでしょう。ただ、最初は学校が悪いと恨んでいても、その後、ネット上に子どもが残した親への不満などを見つけると、学校への責任追及の気持ちが変化することはあります。学校側は、遺族や被害者の保護者への対応には時間がかかる、感情は変化するものだと覚悟して接したほうがいいでしょう。また、寄り添うことと謝罪は違うのですが混同も見受けられます。

石川　管理外の事件なら、謝罪はしないが遺族や被害者の保護者に寄り添うことは必要ですし、管理内の事件なら、寄り添う前に謝罪だと思いますが、謝罪の仕方がわからない、どう表現したらいいかわからないといった相談がよくあります。いろいろな保護者がいるので、さまざまなことを想定すると対応方針が決められないのでしょう。

藤森　確かに保護者対応には労力がかかります。ずっと文句を言い続ける保護者は公立でも、私立でもいるでしょう。しかし、学校を責め続けても仕方ない、自分たちは何ができるか、と言い出す方が出てきて、そこで収まってくるケースは多いです。ただ、最近の傾向として保護者は以前よりも顧客感覚を強く持つようになっていると感じます。学校を信頼していないのに期待する、あるいは信頼していないから要求する、というのでしょうか。ある教師は、授業があるのに毎日3時間も4時間も保護者対応をした結果、病んでしまいました。このとき、校長先生に訴えようとアドバイスしたのですが「いや、教育力で乗りきる」とおっしゃるのです。学校には保護者を訴える勇気がないのだと思います。しかしながら、校長先生には教職員を守る経営者としての視点も求められます。保護者を訴えることができないのであれば、学校も企業が導入している「エンプロイ《E》・アシスト《A》・プログラム《P》（従業員をメンタル面から支援する制度）」のような制度を取り入れる必要があるのではないでしょうか。

石川　いじめの問題が発生した場合には、担任だけで抱えるのではなく、その情報を皆でリスクとして共有するチームとしての力をつけること。万が一、自殺といった結果になった場合にも、組織としての対応プランを立てること。その際、学校だけで判断するのではなく、臨床心理士などの専門家からも支援を受け、心のケアをするとダメージを最小限にできるということですね。とくに先生方の心のケアは後回しになりがちですが、1番ショックを受けているのは担任であることも多いでしょうから忘れずに行なう体制が重要だと思います。

対談を終えて

いじめ防止対策推進法は2013年に制定されました。各学校での体制づくりが進んでいるはずですが、2019年10月、神戸市立小学校の教職員間によるいじめ動画がネット上に流出。加害者はいじめ対策も担当していた中核教師であったことから衝撃が走りました。7月に被害教師から相談を受けたが教育委員会に報告し協力を要請しなかったことが事態を悪化させた、と記者会見で校長先生自ら反省の弁を語りました。発見したときの初動、情報共有によって皆で事態を収拾することが基本ですが、どうしてできなかったのか。助けてほしい、という一言を気軽に言える関係性の構築が必要なのではないでしょうか。

外見リスクと学校CC①服装
――スタイリスト・高野いせこ氏に聞く

【経歴】 たかの・いせこ

スタイリスト。フェリス女学院大学卒業。関根勤氏、故中村勘三郎氏の専属スタイリストのほか、野球監督、音楽家などの衣装を担当。最近では長嶋一茂氏のＣＭを一手に手がけている。エグゼクティブのための服装演出「ビジュアルアイデンティティ」を提唱し、自動車メーカー、銀行、ＩＴ企業などのリーダー層へ服装アドバイスを提供。石川慶子のメディアトレーニングのプログラムに参加しているパートナー講師でもある。

対談概要

外見は第一印象の大きな比重を占めます。そのなかでも「どのような服装で人前に出るか」は非言語コミュニケーションとして重要な要素となってきます。とくに危機発生時の説明で非言語でのメッセージに失敗すると、2回目の失敗に見えてしまいます。内容の準備だけでなく、どう見えるのか、客観的な視点でメッセージの打ち出し方を考える訓練が必要です。「外見リスク」としての服装について、スタイリストの高野いせこさんにお話をうかがいました。

知らないとリスクになるネクタイと靴の知識

石川　つくば市の教員研修センターで行なわれた危機管理研修の講師として高野さんにも参加していただいたのは２００５年でした。受講者の服装をチェックして頭を抱えていたのをよく覚えています。「外見リスク」とは、中身がすばらしいのに、その中身にあった外見ではないために、過小評価されてしまうことです。先生はいまだに「中身で勝負」と思っている方が多いと感じます。しかしながら組織の不祥事や被害者がいる場合の記者会見の場で服装に失敗すると印象が悪くなってしまうのです。なかでも、テレビ局が入ったときは、視聴者、とくに女性がどう感じるかが重要になります。テレビ局にも「あの服装は失礼だ」といった声が主に女性から届く時代ですから。学校の場合、保護者といえば母親の割合がまだまだ多いのが現実です。ダメージ軽減のためにも、どう見えているのかを認識しマネジメントすること、何とかすることが必要だろうと思います。どのような点に注意すべきでしょうか。

高野　意外と知られていないのはネクタイにもマナーがあるということです。とくに国際ルールを知らないと恥をかくことがあります。ご自身の職種だけでなく職位も考慮して選択する必要があります。

石川　普段は好きなネクタイでもいいとは思いますが、相手の感情に配慮しなければならないときにはネクタイ1本にもこちら側の気持ちが出てきます。まさに非言語コミュニケーションの世界です。２０１８年に起こった日大アメフト部の危険タックル事件では、監督が相手の大学に謝罪に行く際にピンクのネクタイをしていたことが批判されました。大学がスポーツ競技で使用しているカラーということで着用していたようですが、大学をアピールする場ではないのでピンクのネクタイはふさわしくありません。いざというときに慌てなくても済むよう平時にそろえておくべきネクタイ選びのコツはありますか。

高野　相手に公式感と品性を感じさせるものを選んでください。紺のソリッドタイ（無地系）や紺ベースの小紋《こもん》柄、水玉は持っておきたい1本です。柄は細かいほど公式感が高くなります。また、職種や職位にもよりますが、派手過ぎる色や大柄のネクタイを選ぶと悪目立ちして品性を失ってしまいます。とくに謝罪のときには遠目で紺や濃いグレーの無地に見えるものがいいでしょう。

石川　受講者の靴を見てダメ出しをされていたことも印象に残っています。確かローファーの方が多かったと記憶しています。学生はローファーを好んで履くので、先生方も違和感なくスーツに合わせてしまうのだろうと思います。

高野　確かにローファーはとても機能的で楽です。一方、ひもを用いずに着脱できることから、もともとの意味は「怠け者」です。靴はひも靴がマナーであることを知っておいてほしいと思います。靴とベルトの色がバラバラな人も多いのですが、それぞれの色は合わせることが基本です。先生方にはあまり見られませんが、ブランドロゴ入りのバックルも品がなくなるので避けたほうがいいでしょう。

◇公式感が高い服装へ外見変革を実践
（Crazy Teams株式会社長・嶋谷光洋さん）

ジャストサイズのスーツで信頼感

石川　スーツの色や形についてはどうでしょうか。ジャストサイズのスーツを着ている方を見ると気持ちがいいですし信頼感や好感度も高くなりますが、ダボダボだと中身は良くてもだらしなく見えてしまいます。非常に損をしていると思います。

高野　「自分に似合う色がわかりません」「このスーツには何色のシャツやネクタイが合いますか」という質問をよく受けますが、1番重要なのは色ではなくライン（形や大きさ）です。ちょっと乱暴ですが自分の好きな色が似合う色と言ってもかまわないくらいです。ただし、国際的なマナーから外れる色は謝罪時には避けるべきです。やはり紺とグレー系のダークスーツが基本です。茶色やベージュ系のスーツを着る方もいますが、この色を先方に失礼なく着こなすには、かなりのテクニックを要します。「スーツは紺にはじまり紺に終わる」と知ったうえで、アレンジを考えること。そして、何より大切なのは自分の体型に合ったジャストサイズのスーツを着ること。また、ポケットチーフとシャツの袖口が1、2センチほど見えると全体のバランスがよくなり清潔感が高まります。

石川　女性もジャケットの形や大きさで、ずいぶん印象が変わります。気に入ったジャケットがあっても袖が長いとだらしなく見えてしまうので、以前は買わずにあきらめていましたが、いまはお直しをして購入するようにしています。お直しはそれほど高くありませんし、それできちんと感が出るのなら言うことなしです。

高野　男性も女性もジャケットのサイズはジャストサイズを選ぶことです。それと、女性管理職の服装キーワードは仕事中心に考えれば「品格と信頼」です。つまり、どこにも手を抜いていないのに、けっして相手を緊張させることのない余裕と品格が、その人のセンスを光らせるのです。ファッションとは、別の言い方をすると、着飾ることではなく、他人の視線をデコレートするホスピタリティを持つことです。年齢を重ねるにしたがって心がけたいのは品良くシンプルに着ること。アクセサリーのつけ過ぎを避けること。むしろ、マイナスをしていくのが成功のコツです。私は「引き算のファッション」という言い方をしています。

石川　引き算のファッションはインパクトある言葉です。過剰な演出をしない、ということですね。ほかに気をつけるべき点はありますか。

高野　色を入れ過ぎないことです。多色使いはコーディネートのバランスを崩し清潔感がなくなるからです。頭から靴までのトータルで3色を基本に考えると、うまく収まります。大柄も避けましょう。また、ワンピースだけだと華やかになり過ぎるからジャケットを着るといった工夫も必要ですが、その場合にはジャケットの丈の長さがポイントになります。それから、大事なシーンではイヤリングは揺れるものを避けるという気づかいも必要です。なぜかというと、人は目線が揺れるものにいってしまうため、せっかくの話に集中してくれないのです。とくに男性は揺れるものに弱いらしいです。

女性の謝罪時服装マナー

石川　女性の服装は著名人の事例をとりあげたいと思います。２０１４年秋から２０１５年春にかけては女性議員の謝罪が相次ぎました。小渕優子さん、松島みどりさん、上西小百合さん、中川郁子さん、片山さつきさん。小渕さんは政治資金規正法違反疑惑、松島さんは公職選挙法違反疑惑、上西さんは衆議院本会議を欠席して男性と旅行したこと、中川さんは不倫疑惑をかわすため逃げ込んだ禁煙の病院で喫煙したこと、片山さんは参議院外交防衛委員長という中立的立場でありながら政府側答弁要領を持ち込んでいたことが批判されるなど、内容はさまざま。

高野　女性は男性と違っていろいろな服装のバリエーションがあるからむずかしいのですが、謝罪時の基本トーンについては男性と同じです。高価なものを身につけない、華美にしない、光るアクセサリーを避ける、です。

石川　その視点で分析しました。内容と外見が一致していたのは小渕さんだけでした。「知らなかったでは済まされない問題だ。責任を感じる。いま、やらなければならないのは私自身の問題でしっかり調査をすることだ」とコメントは完璧。辞任会見の服装は、アクセサリーはシンプルで目立たず、紺のジャケットに白のインナー。髪型も顔が見えるスッキリとした状態でした。ほかの方々は疑問が湧く服装ばかり。松島さんは法務大臣辞任会見でおめでたい印象を与える真っ白のスーツ。上西さんは厚化粧に胸が大きく開いたインナー、片山さんは表情が見えない髪型。これでは清潔感に欠け謝罪という潔《いさぎよ》さが伝わりません。中川さんは白のインナーまではよかったのですが、素材に透け感のある点が脇の甘さを表現していました。

高野　観察力、分析力がありますね。謝罪の場面では態度だけでなく服装も一緒に謝罪モードにすることが大切です。

石川　高野さんの影響もだいぶ受けていますから。15年ほど前ですが、ある学校で事件があった際の記者会見直後、「あの女性教師はゆらゆら揺れるイヤリングをしている、けしからん」という電話があったそうです。小さなことですが、こういったことに気持ちのゆるみが反映されてしまうのだと実感したことをよく覚えています。だからこそ、服装の専門家である高野さんとパートナーを組んできました。

公式感のある足の表現とは

石川　最後に、女性の足の見せ方について語り合いたいと思います。冬は寒いのでタイツにしがみつきたくなります。私も高野さんから指摘されるまでは、タイツは細く見えるはず、と好んで履いていました。

高野　足がきれいな人でも不思議と隠そう隠そうとしますよね。案外、自分の魅力を自覚していない人は多いです。それを引き出すのが私の仕事です。服選びのコツとして加えておきたいのは、自分で自信が持てる部分を知って、うまく見せることです。自分が好きな部分というよりは、人からほめられる部分、たとえば「足が長い」「足が細い」「肌がきれい」といったことです。そこをより良く見せていく工夫をすると差別化、個性につながります。また、パンプスはシンプルなデザインのほうが足が長く見えるのでお薦めです。

石川　私もそのほうが足がすっきり見えると自覚してベルトや飾りがついたものを封印しました。パンプスは、一日中履くのではなく、持ち歩く、あるいはロッカーに入れるといった工夫をすればいい、とアドバイスを受けてから本当に楽になりました。駅や電車での移動の際はスニーカーを履くなどして足を守ることにもつながっています。

高野　以前、大手生命保険会社の女性営業社員へ、ファッションマナーを指導しました。黒のタイツやストッキングを履いている方が多かったのですが、黒は夜の雰囲気が出てしまうので、やめていただきました。お客様へのおもてなしには清潔感のあるナチュラルストッキングが基本です。服装は相手を尊重する気持ちを表すコミュニケーションツールでもあります。相手からどう見えるのかを考えて服選びをしてほしいですね。外見変革に取り組むときは「自分はこうでなくちゃいけない」という思い込みを一度捨ててください。

石川　それは重要なキーワードですね。リスクマネジメントにおいて最大のリスクは「思い込み」です。個人のレベルから思い込みを捨てて相手目線で自分を客観視することはリーダーとして組織のリスクマネジメントをするうえでも必ず役立つでしょう。服装からのリスクマネジメントも不可欠だと確信しました。

対談を終えて

米国の社会学者アーヴィング・ゴフマンは人々の行為と相互作用という文脈で印象管理をテーマとする学問的探究を続けてきました。外見が他者とのコミュニケーションにどのような影響を与えるか、とくに被服と身体装飾に関する社会心理学的アプローチを行ないました。そのなかで、言語コミュニケーションと非言語コミュニケーションが一致していれば一貫した印象形成がなされるが、不一致があるとそれが困難になると述べています。印象管理において服装を甘く見てはいけない、ということです。

外見リスクと学校ＣＣ②姿勢、歩き方

——ウォーキングディレクター・鷹松香奈子氏に聞く

【経歴】 たかまつ・かなこ

ウォーキングディレクター。女子美術短期大学卒業。パリコレクション、東京コレクションのほか、著名ブランドのモデルとして活躍。１９９２年からモデル・ウォーキングディレクターとしてホテルや百貨店などで姿勢や歩き方などの研修を手がける。２００１年、四つのコンセプトをもとにした活動を開始。TK-plus代表として指導者育成にも力を注ぐ。石川慶子のメディアトレーニングのプログラムに参加しているパートナー講師でもある。

対談概要

姿勢や歩き方で損をしてしまうことがあります。たとえば、猫背は、あごが上がり見下す目線になり、さらに自信がなさそうに見えるリスクがあります。スポーツでもウォーキングはありますが、鷹松さんのウォーキングは「見た目が美しい」を目標としています。先生方一人ひとりが見た目のお手本となることは子どもたちの将来の姿をより良くすると確信します。正しい姿勢や歩き方について、ウォーキングディレクターの鷹松香奈子さんにお話をうかがいました。

自分のクセを知る

石川　外見というと「服装のことですか」とおっしゃる方は多いですが、私が最初に自分の外見に危機感を持ったのは後ろ姿でした。「いやだなあ、この後ろ姿」と目を覆いたくなる写真がきっかけで、服装だけでなく、姿勢や歩き方の変革に目覚めたといえます。意識しはじめると、いろいろなことに気がつくようになりました。歩いていると「あ、下向いて歩いている」、パソコン作業していると「あ、首が前に出ている」、座っていると「あ、背もたれにだらっと寄っかかっている」。

鷹松　自覚があったのがよかったと思います。私は、現役モデル時代からウォーキングを教えているので30年近く経ちましたが、四つのコンセプトを大事にしています。①自分を知る、②正しく筋肉を使う、③生活習慣を改善する、④信頼や清潔感を表現する、です。

石川　リスクマネジメントの国際的ガイドラインＩＳＯ３１０００が提唱している

フレームワークも最初は「組織の状態を知る」となっています。ＩＳＯ３１０００は個人での実践も提唱していますから、「組織」の部分を置き換えれば「自分（の状態）を知る」ことになります。

鷹松　石川さんの課題は、前足にしっかり体重移動させること、後ろの足を伸ばすことでした。毎回のレッスンで自分の身体に向き合ってきたから変革できたのだと思います。どのような変化がありますか。

石川　「空気がおいしい」「歩くと風を感じる」「内臓が正しい位置にある」「姿勢を良くしているのは楽しい」「何時間でも立っていられる」といった変化を感じます。また、会合の場では姿勢の良さで声をかけてくれる人が増えました。「いつも姿勢が良いですね。疲れませんか」「どうしたら2時間も背もたれなしでいられるんですか」「自分は姿勢が悪くって。どうしたらいいのか教えてください」。

鷹松　それは私にとってもうれしい成果ですね。姿勢を良くするのは健康にもつながりますが、最近の若い女性は外側に重心をかけて立っているので外側ばかりに筋肉がついて足が開きやすくなっています。男性でスポーツをしている方はO脚になりがちです。直らないと思っている人もいますが姿勢や歩き方の訓練で必ず直ります。まずは、しっかりと自分の身体のクセに向き合うことが第一歩です。

石川　おっしゃるとおり、1番影響を与えたのは自分の身体のクセを知って矯正する意識を持つことでした。私の場合、背中を反るクセがあり腰に負担がかかっていましたが、意識して矯正することで腹筋が強くなり腰が楽になりました。また、靴が脱げないようにベルトつきのパンプスを選んでいましたが、おそらくつま先を下に向けてしまうクセがあったのだと思います。正しい歩き方、つま先を上げる歩き方を知ることでベルトなしのパンプスを履いて歩けるようになりました。

左右の筋肉をバランスよく使う

石川　現在、私が格闘しているクセは口元の歪みです。テレビ局の報道番組にゲスト出演したときの録画を見て発見しました。緊張すると左の口元だけが上がってしまうことに気がつきました。これでは傲慢《ごうまん》に見えてしまいます。

鷹松　いつも右手でバッグを持つ、左足を上にして足を組む、といったクセを持っている方もいます。そのように片方だけ使っていると身体のバランスが崩れていきます。見た目が悪くなるのはもちろんですが、ひどくなると足を引きずったり、まっすぐ歩けなくなったりします。身体は左右バランスよく使ってあげてください。身体は素直なので使ったとおりになるのです。「正しく筋肉を使う」は、私の2番目のコンセプトです。

石川　鷹松さんからはじめて正しい歩き方を学んだときは衝撃でした。「正しく歩くって、こんなにむずかしくて奥が深いのか」と感じながら、夢中になって実践しました。

鷹松　考えてみれば私たちは、起きてから寝るまでの間、何度も歩きます。そこで少し意識することで身体の歪みを矯正できる。ウォーキングを学ぶというのは外見に影響を与える身体を整える大きなチャンスともいえます。

石川　すぐに効果が出たのは立ち方でした。立ち方は基本ですね。姿勢が正しくないと運動効果も半減してしまいます。

鷹松　壁に背中をつけて、と指導される方もいますが、それは違います。立つときの重心が後ろになってしまうのです。正しくは身体を引き上げる意識で立つこと、かかとをつけて土踏まずを意識して立つこと、足の内側を意識して立つことです。つらい人は内転筋（太ももの内側から後ろ側に位置する筋肉）が弱くなっている証拠で老化現象のはじまりです。まずは、ここをしっかり鍛えて正しく立つための軸をつくりましょう。ヒップアップ効果もありますから一石二鳥。思いついたときに数秒でもいいので毎日やってみることです。

石川　そう、その「数秒」がキーワードとなって「数秒ならできそう！」「ヒップアップのためならがんばる！」といった気持ちが湧き起こりました。小さな努力でも続けることが成果につながります。その積み重ねがリスクマネジメントといえます。

鷹松　私の3番目のコンセプトは正しく筋肉を使うことで「生活習慣を改善する」ことです。歯磨きのときや電車で通勤するときなど、ほんの少しでいいからやってみて正しく立つ時間をどんどん長くしていくのです。身体を引き上げる意識を常に持つことで生活習慣も改善していきます。

初めの一歩は引き上げて伸ばす

石川　私の娘は靴の内側がすれて破れやすいのが悩みでした。鷹松さんに見ていただいてからは、本人も歩き方への意識が高まり、靴の内側が破れることがなくなりました。たった一度の指導でも効果がすぐに出たと思います。

鷹松　いまの状態を説明しながら直し方も教えるので、その後は日常生活のなかで実践することができます。立ち方がわかったら足の裏全体を使って歩く練習をスタートします。私は必ず靴を脱いでもらいます。大地を踏みしめる感覚というのでしょうか、地に足をつけて歩くのは心地がいいものだと、味わってほしいからです。

石川　地球を感じる、というのは言い過ぎかもしれませんが、確かに足の裏全体を使うのは気持ちがいいと感じました。また、歩き出す際にはつま先を上に向けるというのも、まったく意識してこなかったのですが、パンプスを履いているときには威力を発揮します。脱げない、という威力を。

鷹松　つま先を下に向けるから靴が脱げてしまうのです。前に出す足のつま先はしっ

◇目線、足の伸び、重心の改善に挑戦
（日本リスクマネジャー＆コンサルタント協会理事／事務局長・相馬清隆さん）

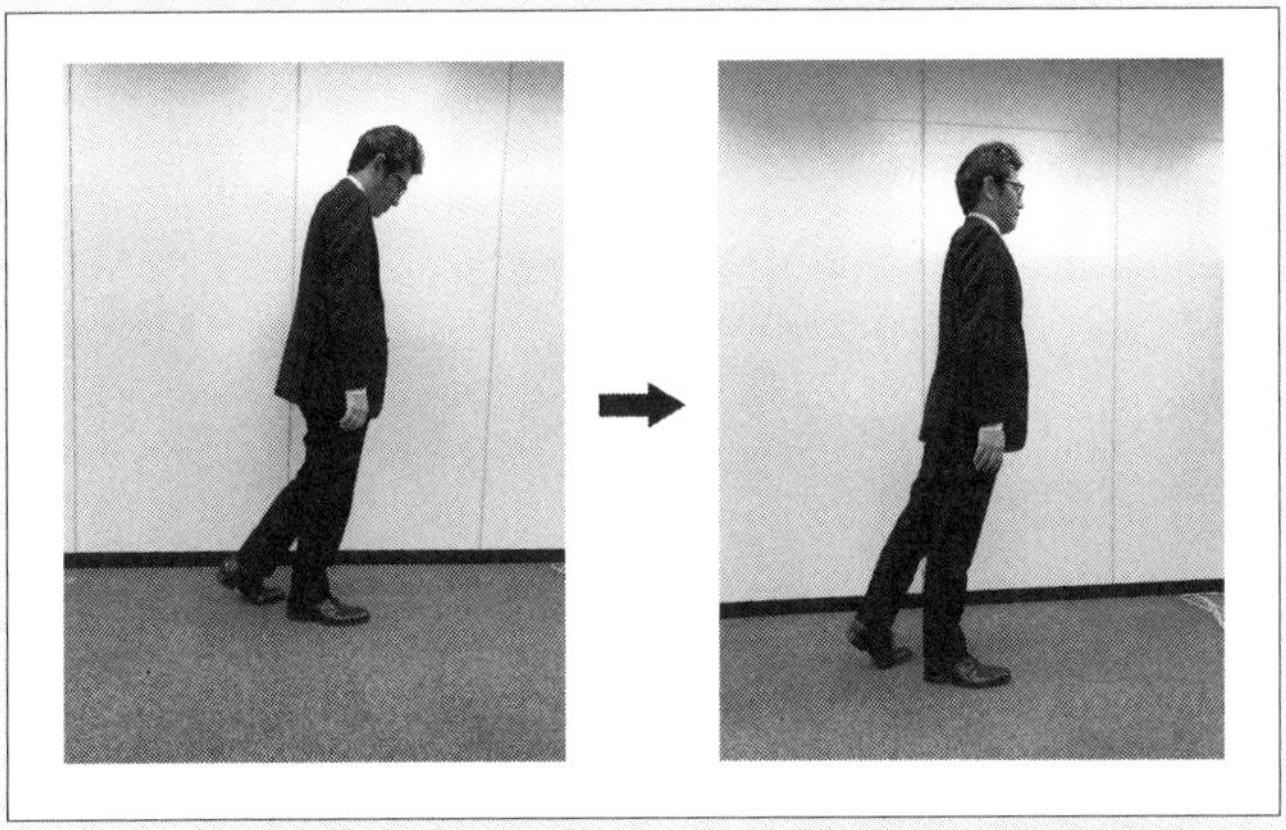

かり上に向けます。前の足を下ろしたら、今度は体重を前に移動させて前足に乗りきってしまいます。この乗りきるということができないために身体の重心が後ろ足に残ってしまい、のけぞった姿勢になったり、伸びきらなかったりする現象が起きます。後ろ足は親指を使って地面を押しきってください。そうやって後ろ足を伸ばして前足に乗りきれば、重心は前へ前へと行き、自然と大きくゆったりとした歩きになります。そして、それが身につくと4番目の「信頼や清潔感を表現する」につながります。姿勢良く、ゆったりと歩くと雰囲気全

体が上がるからです。

石川　それはとても実感します。呼吸がゆっくりできるようになったり、間《ま》を楽しむことができるようになりました。ただ、今でも油断すると身体が下に落ちます。重力があるので身体は放置すると下へ下へと落ちてしまうのです。気づいたらすぐに身体を引き上げて後ろ足を伸ばしきると、前に進む力がぐっと早くなり勢いよく歩けるようになります。とたんに気持ちもアップしてやる気が出てきます。歩き方を変えるだけで生きる力が湧いてくるようです。いわゆる「所作」というのでしょうか。決まった動きをすることで落ち着きをつくり出す効果があると感じます。大きな発見でした。ウォーキングは、先生方だけでなく、子どもたちにも伝えたいと心から思います。

対談を終えて

アンケートでも女性の約8割、男性の約7割が「姿勢が良いと自信にあふれている印象を相手に与えることができる」と回答しています（2019年、吉野・石川調査）。良い姿勢の重要性は広く認識されているといえますが、歩き方はどうでしょうか。伸ばす、ひねる、といったシンプルな動きを日常の歩きのなかにとり入れるだけで飛躍的に身体が変化していきます。人は起きてから寝るまでずっと歩いています。歩き方を変革することは身体をコントロールする力につながるでしょう。

おわりに

「人はなぜ、判断ミスするのだろうか」。クライシス発生時の対応にあたって、いつも考え込みます。現場に行ってヒヤリングをすると、「早く相談しなければならなかったのに後回しにしてしまった」「詳細を伝えれば支援を受けられたのに改善したと伝えてしまった」「外部の力を借りなくても自分たちだけで解決できると思った」「忙しそうにしていたから相談したいと言えなかった」「時間をかければ理解が進み解決すると思った」。そして、意外と多いのは記録がないこと。時系列に聞きとって整理するのに時間がかかります。

これらに共通することは、危機の渦中にあって、それを危機と認識できないということかもしれません。

では、どうしたら危機を危機として認識できるのか。それは人に相談してみることだろうと思います。自分と違う視点から物事を見ることで、まったく別のことに気づける可能性があるからです。

また、多忙感を減らすことも大切です。忙しいと異常に気づきにくい、気がついても仕事を増やしたくない、後回しにしたい誘惑にかられるといった状況になるからです。さまざまな外部の専門家とつながることも客観的判断の助けになるでしょう。

実際に学校現場は多忙です。私が教育委員をしていたとき、各事業について継続、廃止、新規といった判断をする場がありました。驚いたのは継続、新規があるのに廃止がなかったことです。「これでは破綻《はたん》する。増やすなら廃止する事業も決めるべき」と指摘しました。市職員のタイムカードはあるのに、先生方のタイムカードはない、といったことにも驚きました。労働実態が不明だったのです。非効率な管理は現場の多忙感となり、それが学校に危機を招くことになるのではないでしょうか。

一方、このようなこともありました。いじめが学校で起きたとき、教育委員会事務局職員が支援に入りました。私も保護者面談に立ち会いましたが、その場で事務局職員は「先生方が忙しそうだから相談はやめる、という判断はしないでほしい。皆さんの不安に対応するのも先生方の仕事です。いじめの悩みについて言えなければ遠慮なく教育委員会に来てください」と伝えたのです。現場の多忙を解消することは必要ですが、当事者とこうした対話の場を持つことも信頼構築には欠かせません。

最後に。リスクマネジメントの国際規格と、私が現場で培ってきたクライシスコミュニケーションの考え方、ツール、手法を組み合わせた点が本書の特徴です。学校現場で実効性のある危機管理をしたいという意欲にあふれている先生方のお役に立てれば幸いです。

補足解説動画を用意しました。下記ＱＲコードを読みとってください。
メディアトレーニングとは何か、記者が大事にする「雑観」や社会部記者の特性などの解説が流れます。

[著者紹介]

石川慶子　いしかわ・けいこ

危機管理／広報コンサルタント
東京都生まれ。東京女子大学卒。国会職員として勤務後、劇場映画やテレビ番組の制作を経て広報ＰＲ会社へ。二人目の出産を機に2001年独立し、危機対応に強い広報プロフェッショナルとして活動開始。リーダー対象にリスクマネジメントの観点から戦略的かつ実践的なメディアトレーニングプログラムを提供。講演活動や学会発表も多数行っている。2015年、外見リスクマネジメントを提唱。有限会社シン取締役社長。調布市教育委員（2012〜16年）、日本リスクマネジャー＆コンサルタント協会理事、日本広報学会理事、公共コミュニケーション学会理事等も歴任。著書に『マスコミ対応緊急マニュアル　広報活動のプロフェッショナル』（ダイヤモンド社）がある。

なぜあの学校は危機対応を間違えたのか
被害を最小限に抑え信頼を守るクライシスコミュニケーション

2020年1月24日　初版発行
2020年5月30日　２刷

著　者……………石川慶子
発行者……………福山孝弘
発行所……………株式会社教育開発研究所
　〒113-0033　東京都文京区本郷2-15-13
　TEL：03-3815-7041　FAX：03-3816-2488
装　幀……………長沼直子
デザイン＆DTP…しとふデザイン（shi to fu）
編　集……………佐々木準
印刷・精本………中央精版印刷株式会社

Printed in Japan　　ISBN 978-4-86560-520-4

　ISBN 978-4-86560-520-4